Homicide 31

Michel Roussel

Homicide 31

Au cœur de l'affaire Alègre

L'ex-directeur d'enquêtes parle

DENOËL
IMPACTS

Ouvrage publié sous la direction
de Guy Birenbaum

www.denoel.fr

9, rue du Cherche-Midi, 75006 Paris
ISBN : 2.207.25564.6
B 25564.6

L'éditeur rappelle qu'en vertu des articles 6-2 de la Convention européenne de sauvegarde des Droits de l'homme et 9-1 du Code civil, toute personne est présumée innocente jusqu'à ce que sa culpabilité ait été légalement établie par un tribunal.

Je dédie ce livre à Robert Maumus, ancien commandant de la Brigade de recherche départementale de Haute-Garonne, homme de morale et de parole, enquêteur honnête et tenace, qui m'a formé à une police judiciaire intègre et rigoureuse, et au chef d'escadron Vasseur, qui commandait le Bureau organisation évaluation contrôle de la légion de gendarmerie Pyrénées : il avait compris l'impérieuse nécessité de l'action d'Homicide 31. Il est intervenu personnellement et efficacement à chaque fois que la Cellule a été mise en danger.

Tous deux, hélas aujourd'hui décédés, ont fait honneur à l'uniforme qu'ils ont porté.

Avant-propos

Le 6 octobre 2003, j'ai annoncé aux magistrats de Toulouse, puis à ma hiérarchie, que je prenais ma retraite anticipée après, selon la formule consacrée, « vingt-quatre ans de bons et loyaux services » dans la gendarmerie. Leur surprise a été totale. Je les ai informés que mon départ définitif aurait lieu une semaine plus tard. J'ai ensuite écrit aux familles des victimes pour qu'elles n'apprennent pas la nouvelle par la presse : je présumais qu'elle allait les inquiéter. Malheureusement les médias, très bien renseignés, ont été parfois plus rapides que le courrier. Certains journalistes ont sous-entendu que ma hiérarchie m'avait contraint à partir. C'est faux : personne au sein de la gendarmerie n'a jamais tenté de me faire comprendre que la porte de sortie m'était largement ouverte. Au contraire.

En réalité, je réfléchissais à ce départ depuis 2001. Mon équipe et moi avions, avec beaucoup de difficulté, réussi à créer Homicide 31, un outil de travail performant dont le but était de résoudre toutes les affaires de meurtres ou de disparitions non résolues liées ou pas à Patrice Alègre. Notre investissement commençait à payer et les magistrats nous faisaient confiance.

Pourtant, très vite, la cellule Homicide 31 a dérangé. Notre hiérarchie ne manquait pas de nous faire comprendre que nous étions en sursis permanent. Je savais bien que plusieurs enquêteurs ayant dirigé de telles investigations, longues, compliquées et délicates, n'avaient pu poursuivre paisiblement leur carrière dans la gendarmerie.

Certains, comme Christian Jambert, l'adjudant en charge de l'affaire des disparues de l'Yonne, y ont même laissé la vie. D'autres, comme Jean-François Abgrall, qui enquêtait sur le parcours du tueur en série Francis Heaulmes, ont connu un destin moins tragique. Il a toutefois été contraint de « raccrocher les gants ». Avant la médiatisation de la cellule Homicide 31 et le premier procès de Patrice Alègre devant les assises, Jean-François Abgrall m'avait d'ailleurs raconté les épreuves successives qu'il avait endurées. Au cours des mois qui ont suivi, j'en ai vécu certaines. Si cela ne m'a pas permis d'éviter les coups, au moins ai-je pu m'y préparer physiquement et mentalement. Je suis quelqu'un de résistant. Mais chacun a sa propre limite, la mienne a été franchie le jour où j'ai réalisé que j'allais être relégué au rang d'alibi.

Le moment de mon départ n'a pas été choisi par convenance personnelle, par calcul financier, ou en réponse aux attaques, parfois infâmes, lancées contre moi et contre Homicide 31 par des avocats et des journalistes. Les dernières péripéties survenues dans ce qu'il est convenu d'appeler l'affaire Alègre, et notamment l'apparition de nouveaux personnages, sont destinées, selon moi, à entraver des investigations menées dans certains dossiers criminels. Le premier objectif de mes détracteurs, parfois extrêmement virulents, a donc été de m'accoler l'image d'un enquêteur « dangereux » : « l'homme qui manipule les témoins », qui refuse de « tamiser les auditions ». Je devais être le « maillon faible », celui sur lequel il faut concentrer « les tirs » pour voir s'effondrer tout l'édifice. Neutralisé en interne, attaqué en externe, j'ai compris que je ne pourrais plus servir la justice : j'ai refusé de la desservir. Rester au sein de la gendarmerie aurait cautionné la fin judiciaire des dossiers, au mépris du devoir de vérité dû aux victimes et à leur famille. C'est au nom de ce devoir de vérité que j'ai décidé d'écrire ce livre.

J'alerte ici le lecteur : par mesure de prudence, je ne donnerai aucune précision qui ne serait malheureusement déjà parue dans la presse à propos de meurtres ou de disparitions qui ne sont pas encore jugés afin que leurs auteurs n'apprennent pas par ce livre où en sont les enquêtes et afin de ne pas influencer d'éventuels témoins. Comment les enquêteurs pourraient-ils faire la part entre ce que ces témoins auraient vécu et ce qu'ils auraient appris *a posteriori* en me lisant ?

Depuis l'annonce officielle, et malheureusement médiatique, de mon départ à la retraite, j'ai reçu des dizaines d'appels, de lettres de soutien. Les familles des victimes, d'abord, ont tenu à me renouveler leur confiance. Ce fut pour moi essentiel. Des collègues, parfois de simples gendarmes que je ne connaissais pas, m'ont également écrit. D'anciens officiers de gendarmerie et plusieurs magistrats avec qui j'ai travaillé m'ont aussi contacté. Tous ces messages m'ont profondément touché : je remercie ici tous celles et ceux qui m'ont adressé ces témoignages de sympathie, des témoignages sincères, honnêtes et désintéressés.

Prologue

C'est une photo. Une scène de crime. La dernière victime de Patrice Alègre. Isabelle. Son corps est nu. Un corps ? L'appartement a brûlé. Ses yeux sont clos. Mais sa bouche. Ouverte. Cette bouche qui hurle. Qui *veut* hurler. La douleur, l'effroi, l'air qui manque. Et ce visage de suppliciée. Patrice Alègre était sur elle. Il la sodomisait. Il l'étranglait. Elle s'est évanouie. Quelques instants de répit. Mais la douleur l'a réveillée. La souffrance a vaincu la grâce de l'inconscience. A-t-elle imploré la mort de venir quand il l'a suppliciée, lui faisant subir des outrages que je ne saurais décrire ? Et puis la mort a fini par avoir pitié d'elle. Elle l'a arrachée aux mains du bourreau. La photo ne dit pas si, à l'instant ultime, on sait que l'on va mourir.

J'écris aussi pour Laure. Son corps est cambré en arrière. Sa tête penche, la gorge déployée. Sa main droite repose sur son bas-ventre. Ses yeux sont grands ouverts. L'avant-bras gauche est étrangement plié, sa main revient en offrande vers son visage. C'est une pose d'artiste, de danseuse dans un ballet moderne et tragique. Le corps est allongé sur la mousse, au milieu des feuillages. Laure est nue, elle aussi. Je regarde la photo et je peux croire qu'elle va tendre ce visage, déployer son buste, esquisser un arrondi du bras et se relever souplement dans la verdure. Paradoxalement, une ode à la féminité. Mais Laure est morte. Pourtant nul ne peut mourir dans cette position. Ce n'est pas un cadavre, c'est un corps qui implore. Patrice Alègre ne lui a pas accordé son pardon. Le corps de la danseuse a été violé, torturé, martyrisé. Une ancienne photo : comme elle est heureuse ! Elle porte un jean, un pull-over beige, un blouson noir en tissu. Un grand sourire éclaire son visage. Laure avait dix-neuf ans quand le tueur lui a pris la vie.

Je veux écrire pour Line. Line est belle à vingt ans. Sur la photo elle a l'air d'une étudiante timide. Les cheveux courts, la lourde frange noire sur les yeux. Léger sourire aux lèvres. Sur un autre cliché : son visage émacié par l'abus de drogues, son cou trop long, son regard qui doute. De nouveau une scène de crime. Une serviette de bain blanche dissimule à peine un cadavre. Celui de Line, coincé entre le bac à douche et le lavabo, dans une chambre de l'hôtel de l'Europe, une nuit de janvier 1992. Qui l'a cognée, qui l'a violée ? Qui étaient les complices, les témoins ? Line a hurlé. Qu'a-t-elle cru, Line ? Que ses compagnes d'infortune la tireraient de là ? Que ses cris alerteraient le voisinage ? Personne n'a eu suffisamment pitié d'elle. Qui l'a étranglée ? Est-ce Patrice Alègre, comme l'affirment certains témoins ? Ou un autre ? Je veux écrire pour Line parce que ça l'aurait peut-être réconfortée : j'aurais voulu qu'elle sache qu'un jour, plus de dix ans après sa mort, quelques-uns d'entre nous se sont intéressés à elle, enfin.

À sa pauvre vie massacrée. J'aurais aimé qu'elle apprenne que, même putain, même droguée, même avilie, on a cherché son assassin. Que Line a eu droit à la justice des Hommes.

La liste des victimes qui me hante est longue. Ce qu'ont vécu Laure Martinet, Valérie Tariotte, Martine Matias, Mireille Normand, Émilie Espès, Isabelle Chicherie, Josette Poiroux, Josette Legoy, Line Galbardi, Claude Martinez, Hélène Rodes, Françoise D..., Hadja Ben Youssef, Valérie Réorda, Marie Lombrassa, Suzanne Mortessagne doit rester ancré dans les mémoires. Ce que sont devenues les disparues, Hélène Loubradou, Corinne Lazzari, Martine Escadeillas, Anne-Marie Nayral de Puybusque, et tant d'autres encore, enfants, adolescents ou adultes, doit nous pousser à chercher, encore et toujours.

Ces photos des scènes de crime, je ne m'y suis jamais habitué. Je me suis même demandé si je devais les publier. Quoi de plus parlant ? J'y ai renoncé, par égard pour ces victimes, pour leur famille, quand bien même celles-ci m'y auraient autorisé. Les mots, paraît-il, peuvent dire aussi bien l'horreur, la révolte, la peine, le dégoût et la rage. J'écris pour les victimes violées, torturées, massacrées, étranglées. J'écris pour toutes les disparues qui ont peut-être eu le malheur de croiser le chemin d'un tueur. Pour toutes celles à qui un assassin a pris la vie. J'écris pour que jamais l'oubli ne vienne.

Que puis-je dire à leur famille auxquelles la justice n'apportera pas l'apaisement ? Que j'ai fait de mon mieux. Que j'ai travaillé autant que j'ai pu. Que j'ai partagé leur douleur, ou plutôt l'écume de leur douleur, puisque personne, jamais, ne pourra ressentir leur souffrance : ils sont les mères, les pères, les sœurs, les frères, les oncles ou les tantes, et même les enfants de celles et ceux qui sont morts martyrisés, qui ont disparu.

Après le procès de Patrice Alègre en février 2002, les parents de Laure Martinet nous ont invités chez eux, Daniel Soucaze, qui a dirigé l'enquête sur la mort de leur fille, et moi. Avec le père de Laure, qui n'a pas manqué un jour d'audience, avec sa mère qui, depuis janvier 1990, ne sort chaque jour de chez elle que pour fleurir la tombe de sa fille, nous avons bu du champagne. Le procès avait déçu les Martinet. Comme toutes les parties civiles, ils attendaient des réponses à leurs nombreuses questions. Mais Patrice Alègre ne leur a même pas fait ce cadeau, lui qui pourtant n'avait plus rien à perdre. Avant que nous ne prenions congé, le père et la mère de Laure ont voulu, je pense, nous assurer de leur reconnaissance et de leur confiance. Ils nous ont livré leur âme, ouvert la porte du sacré : la chambre de leur fille. Depuis la mort de Laure, rien n'a bougé. Ses objets, ses draps, son lit, tout attend son retour. C'est un sanctuaire. Laure ne reviendra pas.

Cet instant dans cette chambre est gravé en moi à jamais. J'étais, je suis, un enquêteur qui ne s'est pas créé d'armure. Certains d'entre nous, dont le métier est de rechercher des meurtriers, se protègent. Telle est leur nature, ou leur volonté. Je n'ai pas cette nature et telle n'a pas été ma volonté. On m'en a parfois fait le reproche. J'en tire ma fierté.

Depuis la création de la cellule Homicide 31, j'ai pris beaucoup de coups. Souvent de ma hiérarchie. Certains m'ont parfois juste sonné, d'autres laissé vraiment groggy. Jamais longtemps. Je n'étais pas seul. J'ai reçu le soutien des familles, de magistrats intègres, incorruptibles et courageux. Et puis il y avait à mes côtés les enquêteurs de la Cellule. Dans l'adversité ils m'ont toujours soutenu. Par de simples mots, pudiques, des paroles de réconfort, des attentions et surtout en persévérant, malgré toutes les embûches, dans leur travail. Un boulot de chien, difficile, souvent ingrat, qu'ils ont mené avec honneur et efficacité.

Au long de ces enquêtes, où l'on croise des tortures, des cris, du sang, des meurtres, ils m'ont parfois adressé des reproches. Notamment celui de ne pas être assez disponible. Ils avaient sans doute raison. Mais ces enquêteurs, mes hommes, mes soldats, mes amis m'ont toujours accordé leur confiance. À eux aussi – Gilles Wispelaere, Jean-Jacques Quoniou, Philippe Dassibat, Christophe Moireau, André Aymerich, Stéphane Bonillo, Pascal Lambert, Bernard Morin, Éric Jézéquel – et à ceux qui n'ont fait qu'un bref passage au sein d'Homicide 31, je veux rendre hommage. Peut-être pourront-ils, encore un temps, poursuivre le combat, porter bien haut ce flambeau que j'ai choisi de passer. Que l'adjudant Roussel ait finalement été contraint de partir compte peu. Seules importent les enquêtes.

1.
Arrestation d'un tueur

> « La mort a grimpé par nos fenêtres, elle est entrée dans nos palais, elle a fauché l'enfant dans la rue, les jeunes gens sur les places. »
> Jérémie, 9-21.

Espagne, été 1997. L'homme a vingt-neuf ans. Il est grand, bien bâti, un mètre quatre-vingts, soixante-quinze kilos, les yeux clairs, le cheveu court, une houppette à la Tintin sur le front. Patrice Alègre est en cavale. Le 19 juin, il a violé, torturé et étranglé Mireille Normand. Cette femme de trente-sept ans, discrète, vivait seule dans un chalet à flanc de montagne sur les hauteurs de Foix. Le seul tort de Mireille a été de se montrer hospitalière. Elle a rencontré Patrice Alègre lors d'un méchoui, chez des amis. Il ne savait où dormir, elle l'a hébergé quelques jours… L'assassin a enterré son corps à quatre-vingts centimètres de profondeur, au fond du jardin. Le cadavre a été exhumé le 11 juillet 1997.

Patrice Alègre n'en est pas à son premier meurtre. Cela fait près de dix ans qu'il tue, régulièrement. Mais jusqu'à l'assassinat de Mireille, Patrice Alègre ne semble pas vraiment soucieux. Le criminel sait pourtant que la police toulousaine est à ses trousses car il a commis une lourde erreur, quelques mois plus tôt. En février, il a laissé la vie sauve à Émilie Espès. Émilie est une jeune fille de vingt ans, un peu bohème. Il l'a violée dans son Austin mini, l'a rouée de coups et étranglée. Il pensait l'avoir tuée, comme les autres, et s'apprêtait sans doute à se débarrasser de son corps. Mais Émilie s'est réveillée. Et la « morte » a parlé à son agresseur. Émilie Espès doit la vie à une chance miraculeuse et à une présence d'esprit stupéfiante. Elle n'a pas crié, elle a calmé Patrice Alègre, acceptant de le suivre jusqu'à ce qu'elle puisse trouver refuge à l'hôpital, le lendemain matin. Émilie a porté plainte : le nom de son agresseur, qu'elle connaissait, et son signalement sont diffusés dans toute la France. Patrice Alègre s'en doute…

Quelques semaines après ce viol, le doyen des juges d'instruction toulousains, Serge Lemoine, a ordonné une comparaison de l'ADN de l'agresseur d'Émilie Espès – Patrice Alègre – avec celui du meurtrier d'une jeune fille de dix-neuf ans, Laure Martinet, violée et étranglée sept ans plus tôt, le 24 janvier 1990, près de Saint-Geniès. Laure Martinet habitait ce village, Patrice Alègre aussi. Les deux empreintes génétiques sont identiques, le violeur d'Émilie et le meurtrier de Laure ne sont donc qu'une seule et même personne…

Après avoir agressé Émilie, Patrice Alègre s'éloigne de Toulouse. Il est hébergé par des amis, à Montauban, Rodez, Albi, Aubenas. Mais après le meurtre de Mireille Normand, il fuit plus loin, passe la frontière espagnole au volant de l'un des véhicules de sa victime que l'on retrouvera sur un chemin de terre, près d'Alicante, le conducteur disparu…

Pendant ce temps, dans la ville rose, un substitut du procureur chargé des affaires financières contacte les gendarmes de la Section de recherche – dont je fais partie – en charge des investigations judiciaires, par l'intermédiaire d'un gendarme qu'il connaît très bien. Ce magistrat se nomme Marc Bourragué. Le même qui, accusé de viols et de proxénétisme par plusieurs prostituées toulousaines six ans plus tard, défraiera très involontairement la chronique (il bénéficie bien évidemment de la présomption d'innocence). Pour l'heure, le substitut veut simplement recommander Gilles Bivi à la Section de recherche. Marc Bourragué dit bien connaître ce proche de Patrice Alègre qui pourrait être utile pour retrouver le criminel en cavale. Cet homme est donc à la fois une relation de Marc Bourragué et de Patrice Alègre.

Grand, carré, Gilles Bivi affiche un crâne tondu et des tatouages sur les avant-bras. Son scénario est digne d'un vrai polar : Patrice Alègre et lui sont de vieux amis, ils écument ensemble depuis de longues années bars et boîtes de la région toulousaine. Ils fréquentent tous deux Saint-Geniès. Gilles Bivi est allé fréquemment en Espagne avec Patrice Alègre. Il sait peut-être où le tueur se cache. Il propose de se rendre lui aussi de l'autre côté de la frontière et de retrouver Patrice Alègre sous prétexte de lui venir en aide dans sa cavale. Puis de lui casser la figure et de le ramener dans le coffre de sa voiture en France où la Section de recherche n'aurait plus qu'à le cueillir dans un fossé. Si surprenant que cela puisse paraître, cette étonnante proposition fait débat. L'enjeu est de taille : cela peut aider à sauver des vies et à mettre la main sur un meurtrier présumé. Mais en réalité Gilles Bivi ne sait pas où se trouve Patrice Alègre. Décision est donc prise de ne pas donner suite à sa proposition. Beaucoup plus tard, dans *Le Nouvel Observateur* du 10 juillet 2003, Marc Bourragué affirmera nous avoir adressé Gilles Bivi *après* l'arrestation de Patrice Alègre. C'est inexact, l'ancien substitut a oublié qu'il nous avait adressé Gilles Bivi afin d'aider à l'arrestation du criminel. Selon lui, c'est Gilles Bivi qui lui aurait présenté Patrice Alègre.

Ignorant tout de ces tractations alambiquées le concernant, Patrice Alègre vient de tuer Mireille Normand. Il est passé en Espagne. Le 25 juin 1997, il plante sa tente dans un camping près des plages d'Alicante. Il cherche une nouvelle proie et va, hélas, la trouver.

Patrice Alègre rencontre deux jeunes femmes, deux amies : Valérie et Isabelle. Cette dernière, petite brune pétillante, a trente et un ans. Les deux jeunes femmes n'ont plus que quarante-huit heures de vacances devant elles. Isabelle doit bientôt retrouver son travail au guichet réservations de la gare Montparnasse, à Paris. Le destin se montre parfois avare en temps : à deux jours près, elle n'aurait pas croisé le tueur…

Comme à chaque fois qu'il rencontre une future victime, Patrice Alègre se présente sous son jour le plus avenant. Il est courtois, discret, souriant, et se garde bien de faire aux deux jeunes femmes la moindre avance. En somme, c'est un jeune homme d'agréable compagnie. Tous trois passent des heures à discuter sur la plage. Les deux amies retournent à Paris, mais avant de partir elles donnent leur numéro de téléphone personnel à Patrice Alègre : le début d'un engrenage fatal.

Peu après les deux jeunes femmes, Patrice Alègre quitte aussi l'Espagne. Il poursuit sa cavale jusqu'en Allemagne où il rencontre Brigitte F…, le 4 juillet 1997. Elle l'héberge et ils ont une relation amoureuse. Ils se séparent le 15 août. Aux enquêteurs allemands, après l'arrestation du tueur, Brigitte F… expliquera que la sodomie et la prise de drogue figuraient parmi les habitudes de Patrice Alègre. Elle racontera aussi ses violences. En Allemagne, il fait la connaissance d'une autre jeune femme dont Interpol retrouvera plus tard la trace. La trace seulement : Élizabeth E… a disparu. Selon ses voisins, elle pourrait être partie au Népal.

En août, Patrice Alègre veut rentrer en France. Il passe par la Belgique, entre autres Ostende dont il dira en avril 1998 qu'il garde un souvenir « horrible » ! À Paris, il travaille sur les marchés, vend des chaussures. Mais il n'a plus d'argent : seuls ses contacts peuvent l'aider. Dans la nuit du 22 août 1997, les parents de Laure Martinet, que Patrice Alègre a tué sept ans plus tôt, reçoivent un coup de téléphone anonyme. Une voix masculine vient jouer avec leur immense douleur : « Est-ce que vous voulez toujours savoir ce qui est arrivé à votre fille ? J'ai des vidéos si vous voulez… » Puis l'homme raccroche. Les Martinet sont persuadés que c'est Patrice Alègre qui les a appelés.

Le 1er septembre 1997, le criminel appelle Isabelle Chicherie, la jeune femme dont il a fait la connaissance en Espagne. Elle lui donne rendez-vous avec son amie Valérie. Patrice Alègre leur sert alors un habile mensonge destiné à les attendrir. Il s'est fait voler sa voiture avec ses papiers et son argent, affirme-t-il. Ne pourraient-elles pas l'héberger ? Valérie, la plus méfiante, refuse. Et elle ne se pardonnera jamais de ne pas avoir su convaincre son amie d'en faire autant.

Isabelle accepte donc de loger Patrice Alègre quelques jours dans son appartement du 15e arrondissement ; elle vient de signer son arrêt de mort. Une mort terrible. Dans la nuit du 3 au 4 septembre 1997, Patrice Alègre la viole, la torture, l'étrangle à demi… puis la réveille, pour la supplicier à nouveau, jusqu'à ce qu'elle expire, après une longue agonie. Vers 4 heures du matin, l'assassin quitte l'appartement, pour y revenir à midi. Il déclenche alors un incendie et ouvre la bouteille de gaz. L'explosion alerte les pompiers et la police. Les flammes ont ravagé l'appartement mais le corps d'Isabelle n'est que partiellement brûlé. Les policiers de la 6e division de la Police judiciaire (6e DPJ) relèvent des traces de sang suspectes. Ils écartent l'hypothèse d'un suicide ou d'un accident et demandent une autopsie. Le soir même, les conclusions du légiste sont formelles : Isabelle Chicherie a été violée et étranglée. Mais par qui ? À Toulouse, informé du meurtre, Daniel Soucaze, responsable des dossiers Laure Martinet et Mireille Normand, examine l'hypothèse d'un lien avec Patrice Alègre. Débute alors une étroite collaboration entre policiers parisiens et gendarmes toulousains. Daniel contacte la 6e DPJ : les enquêteurs ont besoin d'urgence d'une photo de Patrice Alègre. C'est une question d'heures. Qu'à cela ne tienne : Daniel Soucaze confie un cliché du tueur à un pilote de ligne qui le remet en main propre aux policiers à Orly. Très rapidement, les amis d'Isabelle Chicherie, et parmi eux Valérie, identifient Patrice Alègre : c'est bien lui qu'Isabelle hébergeait la veille au soir. La chasse à l'homme est ouverte.

Des proches de Patrice Alègre, dont sa dernière maîtresse en titre et ses amis du Lot, ont été placés sur écoutes. Cela permet de le localiser à Paris. Daniel Soucaze souhaite que des gendarmes participent à la poursuite du tueur. Mais nous sommes vendredi après-midi, autant dire en week-end ! Les candidats pour un voyage à Paris ne sont pas nombreux. La hiérarchie bordelaise elle-même conseille d'attendre tranquillement à Toulouse que Patrice Alègre soit arrêté. Sur un coup de colère, une poignée d'entre nous tombe d'accord avec Daniel Soucaze : nous assumerons nous-mêmes les frais du voyage à Paris. Je ne sais pas grand-chose des dossiers, mais j'ai toute confiance en Daniel. Je me porte donc volontaire. De cet instant date mon implication dans l'affaire. Christian Mari se joint à moi. Il appartient au groupe des stupéfiants et ne connaît pas mieux les dossiers, mais il est tout aussi déterminé. Roland Chartier nous accompagne. Patron de la Brigade de recherches de Foix, il sait tout de l'affaire Normand. Daniel Soucaze reste à Toulouse pour coordonner nos actions. Nous fonçons à Blagnac prendre le premier avion. À Paris, nous sommes accueillis avec une grande courtoisie par la 6e DPJ. Elle a dépêché une centaine d'hommes aux alentours de la gare Montparnasse pour traquer Patrice Alègre : c'est dans ce périmètre que les écoutes téléphoniques ont permis de le situer. Il est aux abois : il téléphone à son ancienne maîtresse. Il a besoin d'argent, et d'une adresse comme planque sûre.

Pendant notre trajet, Daniel Soucaze a monté un traquenard dans lequel Patrice Alègre est tombé. Le tueur a essayé de joindre un ami, absent, et a prévenu qu'il rappellerait une heure plus tard. La ligne étant sur écoutes, Daniel Soucaze fonce diriger la prochaine conversation entre les deux hommes. Quand Patrice Alègre arrive à le joindre, son ami le dirige donc vers une adresse « sûre » à Châtenay-Malabry où les gendarmes de Versailles, alertés, vont le cueillir. Les moyens techniques de la gendarmerie étant à l'époque proches du néant, nos collègues versaillais n'ont de Patrice Alègre qu'une mauvaise photo, faxée l'après-midi même par Daniel Soucaze. Seule la houppette du tueur est aisément identifiable. Dans la cage d'escalier de l'immeuble de Châtenay-Malabry, ils interpellent un solide gaillard, sac à dos et houppette au front : Patrice Alègre.

À peine sommes-nous arrivés dans les locaux de la 6e DPJ en provenance de l'aéroport que le commissaire reçoit un appel. Après avoir raccroché, il se tourne vers nous, un large sourire aux lèvres : « Bravo, messieurs les gendarmes, c'est vous qui l'avez eu ! » Ensemble, policiers de la 6e DPJ et gendarmes de Toulouse, nous nous précipitons à Châtenay-Malabry. Nos collègues finissent leur procès-verbal d'interpellation. J'en profite pour jeter un coup d'œil à l'homme à travers l'œilleton de la cellule. Il est assis, prostré, semble pensif. Rien dans son apparence ne laisse deviner le terrible fond de sa personnalité. Il a le look banal du routard : jean, sweat et sac à dos, l'allure athlétique.

Patrice Alègre prend le chemin du commissariat de la 6e DPJ à Montparnasse. Les policiers doivent d'abord l'entendre sur le meurtre d'Isabelle Chicherie. Pour une audition aussi importante, la garde à vue est assez rapide, ce qui nous arrange, car nous souhaitons l'auditionner au plus vite sur les anciens meurtres. Patrice Alègre avoue rapidement avoir tué Isabelle. Mais un incident, qui en dit long sur la perception que cet assassin a des femmes, de *toutes* les femmes, éclate : l'un des policiers qui l'entendent est une jeune femme, grande et blonde. Et quand Patrice Alègre raconte certains détails atroces de la mise à mort d'Isabelle Chicherie, elle craque et lui assène une grande claque. Cette claque infligée par une femme, Patrice Alègre ne l'a toujours pas digérée. C'est d'ailleurs une des premières choses qu'il me dit : « La grande blonde elle m'a foutu une baffe ! » Il en est irrémédiablement vexé. Et aujourd'hui encore, je sais qu'il en garde un souvenir cuisant.

C'est enfin notre tour d'interroger le tueur, pour la première fois. Les policiers ont bien fait les choses, nous avons un bureau à notre disposition. Sans raison particulière, si ce n'est une intuition, mes collègues et moi avons décidé de ne révéler au criminel ni nos identités, ni nos unités. Il faut le laisser dans le flou. Nous sommes en civil. Patrice Alègre entre, s'assoit, et nous le saluons sans nous présenter. Nous laissons le silence s'installer. Il le rompt aussitôt. Je le vérifierai plus tard, Patrice Alègre n'aime pas les silences. « Je sais pourquoi vous êtes là, vous venez pour Martine, c'est à Foix, en 1990 », déclare-t-il. Roland Chartier, le chef de la brigade de Foix, le reprend : « Non, c'est pas Martine, c'est Mireille, tu confonds, mais c'est bien à Foix, et 1990 c'est une autre affaire, mes collègues t'en parleront demain. »

Ce jour-là, je découvre donc Patrice Alègre. J'ignore tout de lui, mais quand Roland prononce ces mots j'intercepte un éclair dans son regard. À ce moment, je ne sais pas comment le traduire. Je comprendrai plus tard que mon collègue a involontairement donné des informations à Patrice Alègre qui s'en servira comme limites à ses aveux. À notre accent, il a perçu que nous venions du Sud-Ouest : en une seule phrase, il nous a donné les éléments qui, croit-il, justifient cette nouvelle garde à vue. Mais il a sciemment mélangé les prénoms, les lieux et l'année, pour nous tester. Il pense que nous le savons coupable du meurtre de *Martine* Matias à Toulouse en 1997, de celui de Mireille Normand à *Foix*, et de celui de Laure Martinet en *1990*. La réponse de Roland Chartier l'a malheureusement convaincu que nous ignorons tout de sa culpabilité dans l'assassinat de *Martine* Matias, et que les seuls éléments en notre possession concernent les morts de Mireille Normand à *Foix* et de

Laure Martinet en *1990*. Et, je le découvrirai par la suite, Patrice Alègre utilisera toujours cette même stratégie lorsqu'il avouera un crime : enfouir savamment plusieurs informations dans une même déclaration, des informations qui peuvent être en notre possession, puis attendre de voir ce qui en ressort. Pour cette fois, il a remporté la première manche.

Il évoque d'abord Mireille Normand, cas que je connais alors à peine. Le tueur ne donne pas de détails, mais reconnaît les évidences. De sa bouche sortent les effroyables conditions de la mort de cette femme. Plus choquant encore, je comprends que Mireille a agonisé pendant des heures. Le bureau est surchauffé, pourtant je frissonne. L'homme assis en face de moi n'est pas un criminel ordinaire. Il explique avec détachement qu'il a torturé sa victime, puis l'a violée et étouffée. Elle râlait. Il l'a traînée en bas du chalet, sans l'achever. Puis il lui a posé un bâillon sur le nez et la bouche et l'a laissée mourir, peu à peu, abandonnée dans une chambre…

Vers deux ou trois heures du matin, je me retrouve seul avec lui. Et je tente de le faire parler de la fameuse *Martine* qu'il a évoquée plus tôt. J'ignore encore qu'il s'agit de Martine *Matias*, tuée sept mois plus tôt. Je n'ai encore jamais entendu parler d'elle. À l'époque, je ne connais qu'une Martine *Escadeillas*, disparue onze ans plus tôt, le 8 décembre 1986, près de Toulouse. Âgée d'une vingtaine d'années, petite, cheveux mi-longs châtains, discrète, Martine était secrétaire. Elle vivait en concubinage avec un garçon de son âge. Elle devait reprendre son travail après un arrêt maladie et sa sœur,

Simone, s'est inquiétée de ne parvenir à la joindre ni à son bureau ni chez elle. Simone s'est rendue au domicile de Martine où elle s'est heurtée à une porte close. Elle a alors questionné la femme de ménage qui était très occupée à nettoyer... du sang.

Et du sang, il y en avait partout : sur le palier, sur les marches des escaliers, et plus encore dans les sous-sols. La femme de ménage a cru qu'un animal, ou un paquet de viande fraîche, avait laissé toutes ces traces. Détail effrayant : personne ne s'est inquiété des cris entendus le matin même. Un témoin, une femme, a pourtant assisté à une scène surprenante, depuis le palier de son appartement. En sortant de chez elle, elle a vu les jambes d'une femme pendant sur le palier du dessous. Un homme se penchait au-dessus du corps allongé. Elle a entendu quelques paroles, dont le mot « police ». Une odeur suffocante lui a alors piqué les yeux et la gorge. Elle a fait demi-tour, rentrant dans son appartement. Alertée, elle a regardé par la fenêtre pour voir si un couple sortait de l'immeuble : rien. Pourtant, elle n'a appelé ni la police, ni les secours, ni même un voisin... Drame de l'indifférence ou non-assistance à personne en danger ?

À l'époque, au milieu des années 80, les techniques d'analyse criminelle, dont l'analyse de sang, n'en étaient qu'à leurs balbutiements. Les résultats de l'analyse sanguine n'étant pas concluants, le dossier a été classé. En 1996, Daniel Soucaze ressort ce vieux dossier des cartons. Dix ans déjà. Daniel connaît les nouvelles techniques d'investigation. Il refait l'enquête, seul, avec la force de sa conviction et son entêtement à refuser l'inconcevable. Il récupère des parcelles de ciment du soussol de l'immeuble de Martine Escadeillas portant des traces de sang et les fait analyser pour son compte : le noyau contenant l'ADN a survécu au temps. Une comparaison est possible. Daniel Soucaze mène alors une véritable guerre au parquet, peu enclin à rouvrir un aussi vieux dossier, Francis Hébrard et moi le secondons jusqu'à ce qu'il l'emporte. Nous obtenons de l'ADN de Martine grâce à des prélèvements sur des effets personnels confiés par la famille. La comparaison réalisée par le laboratoire d'hématologie médico-légale de Bordeaux ne permet plus le doute : le sang des soussols est bien celui de Martine. Elle a vraisemblablement été tuée. Pourtant, aujourd'hui encore, nous ignorons comment et par qui. Et ce dossier ne semble plus intéresser grand-monde…

Malgré la fatigue, Patrice Alègre ne craque pas. L'image qui me vient alors à l'esprit est celle d'un rideau métallique que l'on abaisse. L'homme garde la maîtrise totale de ses propos, et déjà je perçois qu'il n'y a place en lui ni pour le remords, ni même pour une quelconque trace de honte. Patrice Alègre est impassible. Daniel Soucaze, arrivé de Toulouse, et Francis Hébrard l'interrogent sur le dossier Martinet. Laure, dix-neuf ans, voisine de Patrice Alègre, retrouvée dans un fossé, nue, martyrisée et étranglée. Le tueur reconnaît être l'auteur du meurtre, mais ne livre quasiment aucune explication. Certains « détails » lui sont sortis de l'esprit.

Ainsi ne se souvient-il pas avec quoi il a violé Laure. Patrice Alègre a parfois la mémoire courte.

Patrice Alègre est mis sous mandat de dépôt. Pour fêter notre réussite commune, nous offrons le champagne aux policiers de la 6e DPJ et nous repartons pour Toulouse, en voiture, le lundi. À la Section de recherche, personne ne nous attend pour nous féliciter. Nous sommes un peu déçus et très fatigués. Chacun rentre chez soi pour un repos réparateur qui ne durera que quelques heures. À 1 h 30 du matin, Daniel Soucaze, qui a récupéré la presse de la veille avant de quitter le bureau, me téléphone. Il me lit un article de *La Dépêche du Midi* qui évoque Martine *Matias*, dont le corps calciné a été retrouvé dans son appartement le 12 février 1997. Le journaliste explique que les policiers de la sûreté urbaine s'apprêtent à conclure à un suicide, malgré nombre d'éléments troublants. Et il pose une question : « Meurtre ou suicide ? » Avant même la fin de sa lecture, je coupe Daniel : « Attachée les mains dans le dos, carbonisée, des traces de chloroforme, son appartement incendié… Ça ressemble étrangement à Isabelle Chicherie. Qu'est-ce qu'on fait ? – Demain matin, me répond Daniel, à la première heure je suis chez le magistrat et je récupère ce dossier. » D'autant que, devant nous, Patrice Alègre a évoqué une certaine Martine…

Le lendemain, Daniel s'entretient avec son supérieur, le major Grolleau. Du coup, il ne se rend malheureusement qu'en début d'après-midi chez le magistrat en charge du dossier de la mort de Martine Matias, le juge Nicole Bergougnan. Trop tard. Entre-temps les policiers de la 6e DPJ ont prévenu leurs collègues toulousains que Patrice Alègre, arrêté pour le meurtre d'Isabelle Chicherie, est aussi l'auteur de ceux de Laure Martinet et de Mireille Normand. Un capitaine de police de la sûreté urbaine comprend aussitôt que la mort de Martine Matias n'est pas un suicide. Il doit récupérer au plus vite le dossier qu'il a remis au magistrat instructeur. Il devance de quelques heures Daniel Soucaze dans le cabinet de Nicole Bergougnan. Finalement, nous communiquons toutes nos informations aux policiers du fameux dossier classé…

Pour la petite histoire, qui en dit long sur le comportement de certains gendarmes, nous apprendrons que, pendant notre séjour à Paris, des collègues de la Section de recherche de Toulouse ont fêté en boîte de nuit « leur » réussite dans l'arrestation de Patrice Alègre, alors qu'ils n'y ont pas participé ! Cette anecdocte met Daniel Soucaze hors de lui : au lieu de faire la fête, rumine-t-il, ils auraient mieux fait de nous aider. S'ils nous avaient faxé à Paris l'article concernant Martine Matias, nous serions revenus de la capitale avec l'implication de Patrice Alègre dans ce dossier. Daniel Soucaze n'est pas un homme rancunier : quelques jours plus tard, toujours pour fêter l'arrestation du tueur, il offre le champagne à la Section de recherche. Sans doute pour la remercier d'un travail qu'il a lui-même effectué !

2.
Rebondissements

« On ne peut se passer d'une méthode pour se mettre en quête de la vérité des choses. »
René Descartes, *Discours de la méthode.*

Champagne !

La société est enfin protégée d'un tueur : Patrice Alègre est derrière les barreaux de la prison Saint-Michel de Toulouse. En quelques semaines, les dossiers Laure Martinet et Mireille Normand, dans lesquels il est mis en examen, sont clos. À l'issue de ce travail, Daniel Soucaze a une idée lumineuse : extraire Patrice Alègre de cellule afin de le « promener » dans les rues de Toulouse, tester le tueur en le ramenant sur les lieux qu'il a fréquentés pour tenter d'obtenir plus d'informations. Une balade dans la noirceur de son passé.

Dans la voiture, nous sommes quatre : Daniel, Francis Hébrard, le major Grolleau, patron du groupe « Homicides » à la Section de recherche, et moi. Officiellement, nous devons questionner Patrice Alègre sur le dossier Escadeillas. En réalité, nous espérons surtout entendre de sa bouche des détails concernant la mort de Laure Martinet. Au bout de quelques heures, comme nous ne tirons rien d'intéressant de lui, nous décidons de le ramener à la maison d'arrêt.

Tout à coup, sur le trajet du retour, Patrice Alègre nous interpelle. Il n'a pas envie de rentrer, il veut que nous le gardions avec nous. Daniel lui répond que l'on ne peut pas le garder. Sa garde à vue est terminée. À moins qu'il ait autre chose à nous dire. Et si c'est le cas, Daniel, ironique, lui propose du champagne. Mais Patrice Alègre le prend au mot et ils se mesurent du regard quelques secondes dans le rétroviseur. Daniel lui répète, cette fois d'un ton calme, presque détaché, que s'il nous « donne » quelque chose de plus, il aura droit au champagne. Dans le véhicule, le silence est total. Nous roulons dans le quartier Jolimont, à Toulouse. La gare Matabiau se profile à l'horizon. Patrice Alègre baisse la tête. Réfléchit. Et, d'un coup, il lève ses deux mains menottées vers une fenêtre et lance : « Là, il y en a une. »

Nous filons aussitôt vers la Section de recherche. Dans un bureau, Daniel Soucaze questionne Patrice Alègre sur ses nouveaux aveux. Mais, comme à son habitude, le tueur rechigne à formuler les faits. Il avoue simplement avoir tué une femme. Il ne se souvient plus des détails, seulement d'un prénom, Valérie, et qu'il a travaillé un temps avec sa victime au bar de la gare Matabiau. Pendant que Daniel interroge Patrice Alègre, nous récupérons le registre du personnel du café de la gare, nous multiplions les recherches dans nos fichiers, sur le minitel. Patrice Alègre a une mémoire visuelle, mais ne garde pas le souvenir des noms de famille. Nous trouvons une Valérie qui aurait effectivement travaillé à la gare durant la période dont il nous parle : Patrice Alègre hésite. C'est peut-être elle. Daniel obtient un numéro de téléphone qui pourrait être celui de la jeune femme, appelle… et parle à l'intéressée. Au moins, est-elle bien vivante. Certains collègues commencent à persifler, nous accusent de nous laisser manipuler, d'accorder du crédit à la parole du tueur. Mais Patrice Alègre, presque vexé, insiste : il s'agit bien d'une Valérie.

À notre demande, il dessine alors l'appartement où il l'a assassinée : un lit, une table, une télé, des posters au mur… Quelques heures plus tard, nous repartons sur les lieux du crime avec lui. Il s'agit d'un immeuble assez haut du quartier Jolimont. Sur place, nous formons deux équipes. Je vais voir le gardien et la chance est avec moi : c'est un réfugié de la guerre d'Espagne qui est concierge au même endroit depuis des années et doit prendre sa retraite dans quelques jours. Il se souvient d'une locataire décédée dans des circonstances douteuses, un suicide, un meurtre… « La pauvre petite, j'ai dû forcer la porte, appeler la police… » Et il m'entraîne devant l'ancien appartement de « Valérie ». Au moment où nous y arrivons, Patrice Alègre, encadré de gendarmes, débouche de l'escalier : il les a conduits au même palier, devant la même porte, il n'y a donc guère d'erreur possible. Le logement a bien sûr été reloué depuis : nous n'y entrerons pas.

Nous avons donc une identité, Valérie Tariotte, et une date précise, celle de la découverte du corps, le 27 février 1989. Nous faisons extraire le dossier des archives de la police judiciaire.

Patrice Alègre boira le champagne promis et mangera les huîtres qu'il avait réclamées. L'épisode est connu. D'aucuns se sont émus de ce que nous ayons pu négocier l'aveu d'un tueur en échange d'huîtres et de champagne. Cela choquerait la morale… Je persiste à croire que, dans la limite du droit, tous les moyens sont bons pour qu'un meurtrier avoue son crime, soit jugé pour les faits qu'il a commis et qu'un semblant d'apaisement puisse ainsi être apporté aux familles des victimes.

Nous pouvons donc entendre Patrice Alègre sur le meurtre de Valérie Tariotte. Comme à chaque fois, le criminel est loquace tant que les questions concernant son mode opératoire ne sont pas trop précises. Patrice Alègre est un tueur qui n'aime pas raconter la mise à mort. De ses propres aveux, il revit la scène, il se la repasse intérieurement comme un film au ralenti, mais il ne la restitue jamais. Il faut le presser avec une grande insistance et beaucoup de patience pour obtenir un ou deux éléments matériels. Il reconnaît le viol. Pas plus, et sans jamais donner de détails. Et il s'en tient toujours à la même version : il a flirté avec la fille, elle s'est refusée à aller plus loin, ça l'a « rendu fou » et il l'a violée et tuée.

Falcone

La Section de recherche est composée de cinq groupes : « financier », « stupéfiants », « braquage », « homicides » et « technique ». Daniel Soucaze, à la lumière des derniers événements et de forts soupçons, plaide pour que le groupe « homicides », chargé de faire la lumière sur des disparitions ou meurtres non résolus, soit étoffé. Il avance la possibilité d'un redéploiement des effectifs au sein de la Section de recherche de Toulouse. Francis Hébrard et moi sommes évidemment solidaires, mais tout le monde n'est pas sur la même longueur d'onde.

Les aveux de Patrice Alègre concernant la mort de Valérie Tariotte permettent d'éclaircir certaines des zones d'ombre du parcours du tueur. En 1998, Patrice Alègre parle ainsi d'une auto-stoppeuse qu'il aurait récupérée près du canal du Midi, à proximité de la gare Matabiau, qu'il fréquentait jour et nuit. Il l'aurait violée, tuée, et aurait jeté son cadavre au barrage du lac de Cazères. Daniel Soucaze entend tirer les fils que Patrice Alègre lui-même a laissé filer à propos de ce meurtre. Mais, une fois encore, une fois de trop, il se heurte à sa hiérarchie, et à certains de ses collègues qui se moquent de son obstination.

En désaccord total avec le mode de fonctionnement du groupe « Homicides », Daniel Soucaze quitte donc définitivement la Section de recherche, qui perd ainsi l'un de ses enquêteurs les plus brillants, sans que visiblement aucun membre de la hiérarchie n'y trouve à redire. Et de longs mois durant, effectivement, l'affaire Alègre ne semble plus intéresser grand monde : les enquêtes ont abouti, pourquoi chercher plus loin ?

Je suis déçu, frustré, et je ne comprends pas que les dossiers puissent en rester là. Seules les familles des victimes et quelques enquêteurs têtus persistent à croire que le tueur a, hélas, encore beaucoup de choses à révéler. Pour la hiérarchie, l'affaire est beaucoup plus simple : un serial killer a été arrêté, la gendarmerie française est héroïque ! Et elle se contente de son succès. De l'intuition de Daniel naîtront mes premières réflexions quant à la nécessité de créer un groupe spécial qui se consacrerait exclusivement aux enquêtes concernant de vieux dossiers, auxquels aucun enquêteur ne s'intéresse plus.

Indirectement, c'est à une figure emblématique de la lutte antimafia que l'affaire Alègre doit son sursaut. Assassiné le 23 mai 1992 à Palerme par Cosa Nostra, le juge sicilien Giovanni Falcone a été déchiqueté par l'explosion, au passage de son véhicule, d'une bombe d'une tonne de tolite dissimulée sous la chaussée d'une autoroute. Giovanni Falcone était un combattant légendaire, il se revendiquait simple serviteur de l'État. Il appartenait à cette catégorie de magistrats qui estime que chaque action doit être menée à son terme. Il ne s'est jamais demandé s'il devait ou non affronter tel ou tel problème, mais bien plutôt *comment* il devait l'affronter. Pour lutter contre la mafia, le juge Falcone avait mis au point une méthode de travail : il lui fallait d'abord *comprendre* l'état d'esprit des mafieux, afin de savoir *comment* ils fonctionnent.

Se garder de prendre des hypothèses de travail pour des réalités. Ne jamais décider d'une initiative qui n'ait des chances raisonnables d'aboutir. Cette méthodologie, le capitaine Labelle, brillant officier de gendarmerie, a voulu qu'elle profite au plus grand nombre. Et pas seulement dans la lutte antimafia. *Falcone* : c'est ainsi qu'a été baptisé le stage d'analyse criminelle stratégique que le capitaine a mis au point sous l'égide de l'Union européenne.

J'ai la chance d'avoir suivi ce stage pendant cinq semaines début 1999 à Rosny-sous-Bois. Les stagiaires viennent de toute l'Europe pour suivre cette formation, ils sont agents d'Europol, carabiniers italiens, gardes civils espagnols… Le capitaine Labelle, directeur du stage, connaît parfaitement les failles de notre système. La première chose qu'il entend nous apprendre, c'est de cesser de réfléchir comme un gendarme ! L'anecdote fera peut-être sourire, elle est pourtant révélatrice de la lourdeur de notre administration : un des exercices du stage, organisé à la Cité des sciences de la Villette, consiste à trouver des informations sur un sujet donné, par n'importe quel moyen, en utilisant des bases de données aussi bien scientifiques que littéraires. Demander à un gendarme de trouver les informations dont il a besoin en fouinant à la Cité des sciences, voilà qui revient à lancer un véritable défi à l'imagination ! C'est attendre de lui une quasi-métamorphose, espérer qu'il se révèle d'un coup capable d'oublier ce qui lui a été enfoncé dans le crâne depuis qu'il s'est engagé. Lui prouver non seulement qu'il peut, mais qu'il *doit* sortir de son raisonnement « fabrication gendarmerie », qu'il est temps de briser ses confortables habitudes, perpétuées de génération en génération. Le capitaine Labelle nous confronte aussi au monde politique lors d'un déjeuner au Sénat. Il nous apprend à utiliser des bases de données informatiques, des outils mathématiques et statistiques, et à appliquer ces méthodes à nos investigations. Il ose même monter une conférence avec un astrologue ! Le but n'est évidemment pas de nous convertir à l'astrologie, mais de nous prendre systématiquement à contre-pied. De nous faire ouvrir les yeux sur le monde, de faire tomber nos œillères… La méthodologie et l'imagination doivent se mettre au service du raisonnement.

L'un des instructeurs de ce stage, François Carles, est un ami de longue date. C'est un matheux. Il travaille à Rosny-sous-Bois depuis des années et il a créé de multiples applications statistiques et mathématiques pour le domaine judiciaire. Lors d'un cours avec lui, j'évoque le problème qui m'obsède : « C'est bien, votre truc, mais nous on a un cas particulier à Toulouse, Patrice Alègre, et ça ne bouge pas. C'est bien d'avoir des idées et des outils, mais il faudrait peut-être les appliquer aux cas concrets ! » Un collègue me renvoie immédiatement dans les cordes : « À Toulouse, vous dites que rien ne se passe, mais quand nous on vous propose de l'aide, on se fait envoyer paître ! » J'apprends ainsi que, dès l'arrestation de Patrice Alègre, ce collègue a fouillé dans les bases de données gendarmerie-police et a contacté la Section de recherche de Toulouse pour lui faire part de ses découvertes. Aucune suite n'a été donnée à son initiative. François Carles et moi pensons immédiatement à la même chose : appliquer l'analyse criminelle au cas Alègre et aux meurtres et disparitions non résolus. Nous allons soumettre cette idée au capitaine Labelle qui nous prête une oreille intéressée. Il me demande, sitôt rentré à Toulouse, de faire une évaluation de mes besoins.

À Rosny-sous-Bois, François se jette corps et âme dans l'aventure. Nous nous répartissons le travail : il faut étudier tous les dossiers résolus où apparaît Patrice Alègre, en extraire la substantifique moelle, le mode opératoire du tueur, son fonctionnement apparent, les similarités de ses victimes, et créer des bases de données. Et c'est ainsi que naîtra, huit ou neuf mois après le stage *Falcone*, le « bébé » de François Carles : la base de données interactive *Alègre 3*. Il s'agit d'un immense réservoir d'informations concrètes : des milliers de noms d'individus liés directement ou indirectement à Patrice Alègre, des centaines de lieux et de dates en rapport avec lui ou avec les personnes citées dans les affaires le mettant en cause y sont compilés.

Ce nouvel outil va être utilisé grâce à Christiane Vignaud-Rabastens, vice-procureur, qui nous demande de « bien vouloir rechercher toute personne susceptible d'avoir été victime des agissements de Patrice Alègre ». Il ne s'agit donc plus de travailler avec Patrice Alègre comme base de départ de l'enquête, mais à partir des victimes potentielles. Un travail titanesque, auquel je m'attelle immédiatement. Seul. Neuf mois durant, à la Section de recherche de Toulouse, l'ambiance entre certains de mes collègues et moi est à couteaux tirés. Chaque matin, l'un d'entre eux me rappelle, ironique, que Patrice Alègre a été arrêté !

Cela veut n'être qu'une boutade, et j'y réponds sur le même ton. Mais la plaisanterie en dit long, je crois, sur l'intérêt qui est alors prêté à des meurtres ou à des disparitions pouvant éventuellement être liés à Patrice Alègre. Je suis seul à croire à la nécessité de fouiller le passé et à y travailler. Par choix, j'ai investi un minuscule bureau, celui des archives, dans lequel je peux stocker toutes les procédures que j'ai récupérées. Je suis régulièrement la cible des railleries agressives mais indirectes de quelques collègues qui se campent devant mon bureau pour lâcher à haute et intelligible voix tout le mal qu'ils pensent de mes recherches, selon eux aussi inutiles que ridicules.

Au bout de quelques semaines, Francis me conseille de tenter le dialogue. Je travaille en solitaire sur un projet virtuel : on me trouve excentrique. Je ne confraternise pas à l'heure de l'apéro : on me juge peu convivial. Je décide donc d'expliquer au major Grolleau la tâche à laquelle je me suis attelé en collaboration avec François Carles. Le major est un homme intelligent et courtois, mais qui peut être buté. Selon moi, chaque enquêteur a le devoir de compléter ses compétences tout au long de sa carrière. Lui ne jure que par le travail « à l'ancienne », et les nouvelles techniques d'investigation criminelle s'apparentent pour lui à de la science-fiction. Je ne parviens donc visiblement pas à le convaincre de l'intérêt de l'analyse criminelle.

À la fin de l'été 2003, en lisant son interview dans *Le Monde*, j'ai appris avec surprise « qu'il n'y aurait pas eu d'"affaire Alègre" sans Jean-Yves Grolleau »... C'est pourtant à Daniel Soucaze que revient la paternité de cette affaire ! Dans le même article, au plus fort de la tempête médiatique me mettant à mon tour en cause, Jean-Yves Grolleau affirme que je « savai[s] bien mieux travailler à charge qu'à décharge ». Le coup de pied de l'âne, à une période où mes soutiens se sont faits, il est vrai, assez discrets. Jean-Yves Grolleau est pourtant bien placé pour savoir que je suis capable de travailler objectivement. Après son départ à la retraite, j'ai repris l'affaire de la tuerie d'Huos qui avait défrayé la chronique locale en 1988. Un triple meurtre, une affaire abominable. Ce dossier avait été rouvert par le major Grolleau, j'en ai hérité. J'ai donc fini le travail qu'il avait commencé. Les enquêteurs précédents avaient identifié un coupable, ou du moins le croyaient-ils. L'homme fut donc mis en examen et incarcéré pour ces trois meurtres. Mais des zones d'ombre persistaient. Je venais d'obtenir un diplôme universitaire d'hématologie médico-légale et je me suis concentré sur l'analyse des traces de sang prélevées à l'époque des faits. L'homme avait sans doute un profil de coupable idéal... mais il était innocent ! Depuis, un non-lieu a été délivré en sa faveur. Cette fois-là, j'ai donc pu innocenter un présumé coupable. Cela m'a d'ailleurs valu une plainte de la famille des victimes auprès du ministère de la Justice ! Un enquêteur n'est qu'un être humain faillible. Et sans doute est-ce, dans une démocratie, l'un des risques inhérents à son travail difficile et parfois ingrat : on l'accuse un jour de travailler à décharge dans un dossier ; le lendemain, on affirme qu'il mène une enquête à charge dans une autre affaire, peut-être plus sulfureuse.

Recoupements

Poliment mais fermement renvoyé à mes dossiers, je retourne donc à la solitude de mes quatre murs. Si je tiens le coup, c'est grâce à Francis. Nous nous entendons très bien, mais il est totalement réfractaire à l'outil informatique et me répète inlassablement qu'il ne comprend rien à ce que je fais.

Après plusieurs mois de ce régime, je finis par douter. Il faut que je puisse vérifier l'intérêt de mon travail ou bien laisser tomber. J'entraîne Francis avec moi. Sans prévenir personne, nous partons à Rodez. Au cours de sa cavale, après le viol d'Émilie Espès et avant le meurtre de Mireille Normand, Patrice Alègre a eu de nombreux points de chute dans le Sud-Ouest, dont un à Rodez. Je sais qu'il y a rencontré une jeune femme brune, grande et mince. J'ignore qui elle est, ni même si elle est toujours vivante.

Avec Francis, nous nous fondons donc uniquement sur les recoupements de l'analyse criminelle pour retrouver sa trace. Sur place, nous enquêtons. Nous savons qu'à Rodez Patrice Alègre est passé dans un bar, près de l'église. C'est le début du fil d'Ariane. Coup de chance, le serveur se souvient de Patrice Alègre qui, en cavale, a tenté de sympathiser avec lui, mais il s'est instinctivement méfié de ce client trop chaleureux. Le tueur a téléphoné depuis un point-phone dans ce café. Comme sa pièce a été avalée par la machine, une consommatrice, jeune, mince, grande et brune, lui a spontanément proposé son numéro de carte France Telecom. Le serveur identifie la jeune femme, Patrice Alègre lui a offert à boire. Ils ont sympathisé. Le soir, ils ont dîné ensemble dans un hôtel-restaurant où nous nous rendons : cette fois, et c'est inespéré, nous vérifions que Patrice Alègre est descendu dans l'auberge sous sa véritable identité, ce qui ne lui arrive jamais ! La patronne de l'hôtel nous décrit la jeune femme mince, grande et brune, qui l'accompagnait. Avec son témoignage et celui du serveur, il ne nous reste plus qu'à faire notre travail pour la retrouver. À Rodez, en quelques heures et grâce à des éléments issus des techniques d'analyse criminelle, nous avons donc obtenu des éléments concrets sur le passage de Patrice Alègre dans la ville à un moment précis de sa cavale. Je tiens à ce que le lecteur comprenne bien quelle importance revêtait pour moi ce type d'éléments : je cherchais tout ce qui pouvait m'aider à mettre au jour l'itinéraire de Patrice Alègre entre chacun de ses meurtres afin de vérifier s'il aurait pu faire d'autres victimes oubliées ou attribuées à d'autres.

Francis et moi repartons de Rodez totalement ragaillardis. Comme moi, Francis est à la fois rassuré et enthousiasmé : non, je n'ai pas gaspillé neuf mois à travailler seul dans mon petit bureau, sous les quolibets. Nous avons eu la confirmation que les recherches minutieuses de François Carles et les miennes sont primordiales. Et dans la voiture qui nous ramène, Francis me lance : « Michel, maintenant, tu n'es plus seul, on est deux. » C'est plus qu'il ne m'en fallait ! La situation devient d'un coup beaucoup plus confortable pour moi. Je suis réservé, introverti ; Francis est expansif et fort en gueule : assis juste à l'entrée de mon petit bureau, il m'assure dès lors une véritable protection contre les sarcasmes. Malheureusement pour moi, Francis partira à Bordeaux mais jusqu'à la dernière seconde il gardera le nez plongé dans les scènes de crime. Avec son aide, la mayonnaise a commencé à prendre.

Nous convoquons donc la jeune femme pour l'entendre longuement. Elle est bien vivante. Un miracle ? Elle nous raconte tout : Patrice Alègre et elle ont vécu une idylle, après la nuit passée à l'hôtel de Rodez. Elle habitait seule dans un appartement à Albi, près de la préfecture. Elle a hébergé Patrice Alègre plusieurs semaines et l'a entretenu, car il n'avait pas un sou devant lui. Il lui avait avoué être recherché par la police pour une broutille, une bagarre dans laquelle il s'attribuait le rôle du héros : il avait cassé la figure à un pauvre type qui avait insulté son frère handicapé depuis un accident de voiture. Patrice Alègre, nous explique-t-elle, avait des pratiques précises, et elle nous donne certains détails qui recoupent des éléments découverts au cours des enquêtes sur les victimes du tueur.

Durant quelque temps, Patrice Alègre s'est montré charmant, un véritable homme d'intérieur. Mais ils sont partis en week-end et la jeune femme l'a découvert sous un jour nouveau. Invité avec elle chez des amis, il a trop bu, s'est montré obscène et odieux en public. Tous deux logeaient ce soir-là chez la mère de la jeune femme. Le lendemain matin, elle a signifié au tueur qu'elle le quittait. Devant sa mère, témoin gênant, Patrice Alègre n'a pas osé se montrer violent. Mais il a tenu à récupérer son sac de couchage à Albi. La mère l'a alors averti : « Je te préviens, lui a-t-elle dit, si à telle heure ma fille ne m'a pas téléphoné, je t'envoie les flics. » Patrice Alègre a compris le message. Peu de temps après, la jeune femme est partie en Grande-Bretagne pour un stage. Mais elle a eu pitié de lui, et lui a laissé les clefs de son appartement. Lors de son retour à Albi, Patrice Alègre était toujours chez elle. Il lui a imposé un rapport sexuel à propos duquel elle nous dira qu'elle a vu dans ses yeux qu'elle n'avait pas intérêt à refuser… Après ce dernier rapport forcé, Patrice Alègre a quitté son domicile. Elle n'a compris qui il était vraiment qu'à la nouvelle de son arrestation.

3.

Valérie, Laure, Martine : les enquêtes avortées

« Les multiples erreurs donnent la main aux crimes. »

Paul Eluard,
Dédicace à André Breton,
Poèmes pour la paix.

En février 2002, Patrice Alègre a été condamné par la cour d'assises de la Haute-Garonne à la réclusion criminelle à perpétuité, assortie d'une peine de sûreté de vingt-deux ans, pour viols, actes de torture et barbarie et meurtres sur les personnes de Valérie Tariotte, Laure Martinet, Martine Matias, Mireille Normand et Isabelle Chicherie, et pour viol et tentative de meurtre sur Émilie Espès.

Ses victimes ont été largement citées dans la presse. Mais un article de journal n'a qu'une durée de vie éphémère. Je souhaite que les noms de ces jeunes femmes violentées, martyrisées, assassinées par Patrice Alègre soient inscrits en noir sur cette page blanche : un livre est un objet précieux parce que intemporel. Il peut se laisser oublier quelque temps sur les rayonnages d'une bibliothèque, modestement recouvert d'une fine pellicule de poussière. Puis un jour des mains le saisissent de nouveau et le délivrent de l'oubli. À nouveau, je l'espère, ces pages seront feuilletées. Ainsi les noms de Valérie Tariotte, Laure Martinet, Martine Matias, Mireille Normand, Isabelle Chicherie seront-ils gravés ailleurs que sur leur pierre tombale.

Du procès, les familles de ces victimes espéraient la vérité, premier pas vers un espoir d'apaisement. Elles ne l'ont pas obtenue. Patrice Alègre a certes reconnu sa culpabilité. Mais quand, dans la salle d'audience, les parents des victimes lui ont poliment demandé « S'il vous plaît, dites-nous la vérité ! », il s'est tu. Au cinquième jour d'audience, Marie-Louise, la sœur de Martine Matias, l'a supplié : « Je n'ai que mon imagination qui me tue peu à peu. Je voudrais savoir que les dernières mains qui ont touché Martine, que les derniers regards qui se sont posés sur elle n'étaient pas ceux d'un animal ! Pourquoi ce fil électrique taché de sang ? On n'a retrouvé que des cendres, on n'a même pas eu un corps, un visage ! On a besoin de toute la vérité. Dites-la-nous ! » De cette femme chavirée, Patrice Alègre n'a pas eu pitié non plus.

Des années après l'agonie de leur fille, de leur sœur, de leur nièce, les familles se posent donc toujours les mêmes questions. Elles les hanteront peut-être toute leur vie, cruauté supplémentaire. Tout au long du procès, Patrice Alègre, évasif, s'est muré dans ses silences. Le tueur détient les clefs des portes qui ouvrent sur des zones d'ombre. mais est-il vraiment le seul à connaître les réponses aux questions non élucidées ?

Valérie Tariotte

Le 22 février 1989, Valérie Tariotte, une jolie femme de vingt-deux ans, est tuée dans son appartement.

Le concierge de l'immeuble s'est inquiété de retrouver un sac à main, un trousseau de clefs et une chaussure dans le local à poubelles. Valérie ne répond pas aux coups de sonnette. Sa porte est forcée. On retrouve son corps ligoté sur le lit. Elle est triplement bâillonnée : un tissu est enfoncé dans sa gorge, un autre dans sa bouche, et un troisième recouvre ses lèvres. Une casserole contenant du liquide biologique est placée sous l'oreiller sur lequel repose sa tête. La sûreté urbaine de Toulouse est chargée de l'enquête initiale.

La police fait du bon travail : enquête de personnalité, environnement de la victime, amis, collègues. Elle recherche d'abord de façon objective comment cette jeune fille est morte. Les mains liées sur le bas-ventre, les bâillons, tout concourt à la thèse du meurtre. Mais les connaissances de Valérie sont retrouvées et mises hors de cause. Personne n'a remarqué d'inconnu susceptible d'être entré chez elle.

Hélas pour la suite de l'enquête, parmi les objets saisis dans le studio de Valérie, il y a un livre : *Suicide, mode d'emploi*. « Hélas », car dès lors la thèse du suicide vient bousculer toutes les autres dans l'esprit des enquêteurs : puisqu'ils ne peuvent prouver que c'est un meurtre, alors ce doit être un suicide. L'autopsie de Valérie révèle la présence de tranquillisants dans son organisme. La conclusion des médecins légistes finit de convaincre les enquêteurs : « suicide médicamenteux »... Valérie, dépressive, aurait pris des médicaments pour mourir. Puis elle se serait enfoncé un bâillon dans la gorge, certaine ainsi de ne pas les vomir. Elle aurait ensuite mis un bâillon dans sa bouche et un autre sur ses lèvres pour mieux s'asphyxier. Enfin elle se serait attaché les poignets, seule, pour s'empêcher de retirer les bâillons dans un ultime réflexe de survie...

Si extravagant que cela puisse paraître au lecteur, tout officier de police judiciaire confronté de façon régulière à la mort sait que l'homme, lorsqu'il est absolument décidé à mettre fin à ses jours, est capable d'une imagination et d'une détermination sans limite. L'erreur des enquêteurs, cette fois, est de privilégier ce qui n'est qu'une hypothèse de travail pour pallier l'absence de piste criminelle en se fondant sur des similitudes entre la façon dont Valérie Tariotte se serait suicidée et le contenu de *Suicide, mode d'emploi*. Le dossier est classé comme un suicide. Malgré les conclusions du rapport d'autopsie, malgré les certitudes des enquêteurs, la famille de Valérie n'y croit pas une seconde et se constitue partie civile. L'enquête est alors confiée au Service régional de police judiciaire (SRPJ) de Toulouse. Mais selon eux, le travail initial de la sûreté urbaine est « complet et minutieux ». Dans l'affaire Tariotte, les premières investigations ont été bien menées, mais ensuite mal interprétées. Les résultats discutables de l'autopsie ont ouvert une issue dans laquelle des enquêteurs de la sûreté urbaine se sont engouffrés, peut-être parce que l'autre porte, celle qui ouvrait sur le meurtre, était plus lourde à pousser. Les empreintes de Patrice Alègre se trouvaient pourtant sur un objet appartenant à Valérie Tariotte. Les conclusions médico-légales, il est vrai, n'ont pas aidé les policiers à y voir clair, mais aucune contre-expertise n'a été demandée. Et seuls les aveux de Patrice Alègre, après son arrestation, ont transformé le suicide de Valérie Tariotte en meurtre.

En 1997, Patrice Alègre se garde bien, comme à chaque fois, de raconter l'exact déroulement des faits. Il affirme avoir travaillé pendant plusieurs mois avec Valérie au café de la gare Matabiau. Ils ont sympathisé et, selon lui, elle l'a invité une première fois chez elle. La soirée s'est bien passée, elle lui a donné rendez-vous à nouveau le lendemain soir à son domicile. Ils ont bu et fumé quelques joints. Patrice a eu envie d'elle, mais Valérie a refusé. Ce refus l'a « rendu fou ». Cette explication, Patrice Alègre la donne pour expliquer la mort de chacune de ses victimes. Il l'a donc violée puis tuée. C'est sa version et, lors de son procès, malgré les questions pressantes du président de la cour d'assises Michel Treille, il n'en a pas démordu. Mais j'ai découvert que cette version des faits est entachée d'invraisemblances : Valérie et lui ont effectivement travaillé ensemble au café de la gare, mais durant trois semaines seulement, et bien avant qu'il ne la tue. Patrice Alègre a été barman trois semaines à partir du 15 octobre 1987, puis cinq semaines du 27 mars au 2 mai 1988. Or il a tué Valérie le 22 février 1989, soit plus de neuf mois après avoir définitivement quitté le café. D'autre part, six mois avant sa mort, Valérie a informé la propriétaire de son logement, qui la connaissait très peu et n'avait jamais eu de problèmes particuliers avec elle, que quelqu'un était entré chez elle, mais ne lui avait rien volé.

Après les assises, des éléments précis me confortent dans ma perception de la face cachée de Patrice Alègre. À l'époque du meurtre de Valérie, le tueur a une vie stable. Il vit à Saint-Geniès chez sa concubine qui est enceinte. Il travaille depuis fin 1988 à Saint-Jean, dans la banlieue de Toulouse, comme employé dans un magasin de primeurs bio. Il ne quittera cet emploi qu'un mois et demi après avoir tué Valérie. Le jour du meurtre, Patrice Alègre était présent au magasin toute la journée ainsi que le jour suivant. Il a travaillé normalement, déchargeant les camions, lustrant les fruits pour les rendre plus appétissants. À cette époque, Patrice Alègre n'a que vingt ans. Il vient de violer et d'assassiner une jeune femme. Cela n'influe pourtant en rien ni sur son mental ni sur le déroulement de ses journées. Il garde une maîtrise totale de lui-même. Son potentiel de dangerosité en 1989 est donc déjà extrêmement élevé. Or il ne sera arrêté que huit ans plus tard. Un mois et demi après le meurtre de Valérie, Patrice Alègre quitte brutalement son emploi parce que sa patronne lui a fait une réflexion qu'il jugeait déplacée.

Au cours de l'été 2002, je discute à nouveau du cas Tariotte avec le criminel. Une ébauche de duel s'installe entre lui et moi : je sais qu'il ment. Il sait que je sais et entend ne rien lâcher. Je choisis de lui parler durement. Je lui explique qu'il n'a pas travaillé avec Valérie à l'époque du meurtre, qu'il travaillait au magasin de fruits et légumes, qu'elle ne l'a pas invité chez elle. Patrice Alègre, poussé dans ses retranchements, est agacé, mais il ne nie pas. Il me répond par bribes qu'il ne sait pas. Pourquoi un tueur avoue-t-il un crime et cherche-t-il en même temps à en cacher le déroulement ? J'imagine que la mère, l'oncle et la tante de Valérie Tariotte aimeraient connaître la réponse à cette question. J'ai ma conviction. Je pense que Patrice Alègre tient absolument à passer pour un tueur opportuniste, pour une victime de ses propres pulsions. Au contact de jeunes femmes, quand elles cessent d'être conciliantes, il « disjoncterait » et les tuerait. Il ne peut, ou ne veut reconnaître ce qu'il est peut-être vraiment : un prédateur. C'est pourtant bien un prédateur qui a tué Valérie Tariotte.

Sans doute Patrice Alègre l'a-t-il effectivement connue au café de la gare. J'ignore quelle a été la nature de leurs relations. Le tueur a vraisemblablement repéré l'appartement de Valérie, le jour où la jeune femme s'est aperçue que son domicile avait été visité. Il a préparé son arrivée et il est ensuite venu pour la tuer. Pour le plaisir. Peut-être aussi sur commande, l'hypothèse ne peut être exclue. Car un élément jette le trouble quant aux raisons de la mort de Valérie : une conversation téléphonique de la jeune femme avec sa tante, quelques jours avant sa mort. Elle semblait très nerveuse et a dit qu'elle avait peur, qu'elle se sentait menacée parce qu'elle avait mis les pieds là où elle n'aurait pas dû. Cet échange téléphonique ne m'a pas été rapporté par la tante de Valérie. Elle s'est confiée à plusieurs journalistes. Cette conversation ouvre d'autres perspectives effrayantes. Patrice Alègre aurait, selon les psychiatres qui l'ont expertisé, l'impérieux besoin de tuer pour exister. Il fréquente le milieu de la nuit. A-t-il été utilisé par d'autres ? Fallait-il faire taire Valérie Tariotte ? Et si oui, pourquoi ?

Laure Martinet

Le 25 janvier 1990, Laure Martinet a dix-neuf ans. Elle vit chez ses parents, à Saint-Geniès-Bellevue, là où Patrice Alègre a grandi, là où sa mère et son frère habitent encore en 1990.

Le corps de Laure a été retrouvé par un passant qui se promenait dans la campagne du côté de Verfeil, non loin de Saint-Geniès-Bellevue. Sur une petite route qui surplombe légèrement la vallée et l'autoroute à flanc de coteau, le promeneur croit voir un mannequin dans un fossé. Il s'approche. C'est un corps inanimé. Les pompiers et les gendarmes sont immédiatement appelés sur les lieux. Croyant bien faire, les pompiers placent le corps dans l'ambulance… avant que la moindre constatation policière ait pu être faite ! Puis le corps est ressorti du véhicule et replacé dans la même position, dans le fossé. L'enquête débute donc par cette première maladresse.

Laure avait disparu la veille. Sa mère est une femme intelligente, instruite, conseillère municipale de Saint-Geniès. Son père est artisan taxi. Sa chambre était située au rez-de-chaussée de la maison. Elle avait l'habitude de sortir en douce le soir par la fenêtre. Laure Martinet avait une liaison avec un jeune Allemand plutôt perdu, sans domicile fixe, qui logeait dans un squat à Toulouse. Ils ont passé la soirée précédant le meurtre ensemble dans ce squat du quartier des Trois-Cocus où habite la grand-mère de Patrice Alègre et où elle l'a en partie élevé. Entre 23 heures et minuit, son ami a raccompagné Laure jusqu'au bout du chemin de Lanusse. Ils sont passés devant une discothèque, la Voie 12, que fréquentait Patrice Alègre. Près de la discothèque, une bande de jeunes a apostrophé Laure et son compagnon, et celui-ci a quitté la jeune fille au bout de la route, près de l'église de Croix-Daurade. C'est là, selon Patrice Alègre lorsqu'il finira par avouer ce meurtre, qu'il l'aurait prise en stop. Toujours selon lui, en s'arrêtant en voiture à son niveau, il ne l'aurait pas reconnue immédiatement alors qu'ils étaient voisins depuis des années. Patrice Alègre maintient qu'ils ont pris la direction de Saint-Geniès et qu'ils se sont arrêtés à l'entrée du village, à droite, dans un chemin en contrebas, pour fumer un joint. Une lumière se serait allumée dans une maison et, dérangés, ils auraient décidé d'un commun accord de changer de coin pour finir tranquillement leur joint. Ils se seraient alors rendus près du cimetière. Là, Patrice Alègre aurait eu envie de Laure qui se serait refusée, il l'aurait alors violée et étranglée...

Mais plusieurs éléments contredisent la version de Patrice Alègre. D'abord les déclarations d'un chauffeur de poids lourd, dont le témoignage a été pris au sérieux : à cinq cents mètres de l'église de la Croix-Daurade, vers minuit, il a vu une jeune fille correspondant au signalement de Laure Martinet traverser en courant le pont de l'autoroute. La jeune femme avait selon lui l'air paniqué, comme quelqu'un qui fuit. Si cette jeune femme était bien Laure Martinet, cela va à l'encontre des déclarations de Patrice Alègre, qui affirme qu'elle est montée de son plein gré dans sa voiture. Plus encore, deux autres personnes, Pierrette Roy et sa fille, Isabelle, jettent un large doute quant à la version du bourreau de la jeune fille. Isabelle Roy était l'amie de cœur, la confidente de Laure Martinet. Mais la mère d'Isabelle estimait que Laure avait une mauvaise influence sur sa fille. Pierrette Roy occupe ses heures d'insomnie à peindre ou à faire de la tapisserie. La nuit du meurtre, elle est justement dans son séjour. Vers minuit, elle entend frapper à la porte d'entrée. Surprise, un peu engourdie, elle se dirige vers la porte. Et elle entend la voix de Laure : « C'est Laure, ouvrez-moi, ouvrez-moi ! » Pierrette Roy ne veut pas ouvrir : selon elle, Laure vient perturber les études de sa fille Isabelle qui est couchée depuis un moment. Au même moment, Pierrette Roy entend des bruits de pas. Et de nouveau la voix de Laure qui, cette fois, dit tout autre chose : « N'ouvrez pas, ils sont fous, c'est les voisins, ils mettraient le feu ! »... Bien sûr, quand on sait l'horreur que Laure a ensuite vécue, ces propos apparaissent non seulement capitaux, mais effroyables. Et si Pierrette Roy avait ouvert sa porte ? Si elle avait prévenu la police ? Ou les parents de Laure ?

Entendue plusieurs jours après la découverte du corps, le témoignage de Pierrette Roy questionne. D'abord parce qu'elle n'a pas parlé plus tôt. Ensuite parce que, finalement, elle en arrive à douter elle-même de cette scène. Pierrette Roy se demande en effet si elle n'a pas rêvé, si elle n'a pas « senti » une âme en danger... Elle sera toutefois entendue à plusieurs reprises par les enquêteurs et par le juge Lemoine. Ce sera également le cas de sa fille, Isabelle, qui a expliqué que, cette nuit-là, elle était effectivement dans sa chambre, mais ne dormait pas. Elle a entendu des pas sur le gravier à l'arrière de la maison, ce qui signifie que le ou les intrus ont escaladé le grillage au lieu de franchir normalement le portillon d'entrée. Sa mère dit aussi avoir entendu une voiture démarrer juste après l'incident. À l'époque des faits, il y avait des travaux et un feu rouge sur la route qui passe devant le lotissement des Roy. Une voiture empruntant cette route pouvait donc être contrainte de s'arrêter, au moins le temps du feu, par manque de visibilité. On peut émettre l'hypothèse que Laure Martinet, connaissant par cœur cette route qui passe près de chez son amie, a pu profiter de l'arrêt de la voiture de son ravisseur pour chercher du secours chez les Roy.

Ce témoignage a été mis en doute. Après recoupements, il semble pourtant crédible. D'abord en ce qui concerne le créneau horaire : elle situe l'irruption de Laure à sa porte à l'heure approximative où Patrice Alègre reconnaît qu'il était avec la jeune fille. Par ailleurs, Isabelle Roy confirme que sa mère n'a pas été victime d'un délire. Pour ma part, mais ce n'est qu'une opinion, je retiens le pluriel employé par Laure selon Mme Roy : « *Ils* sont fous, c'est *les voisins.* » Les voisins : Patrice Alègre, et qui d'autre ? La question reste posée.

Le viol et le meurtre de Laure Martinet ont eu lieu alors que la compagne de Patrice Alègre devait être absente de leur domicile. L'appartement du couple était donc vraisemblablement libre. Le tueur s'est-il « amusé », à sa façon perverse et sadique, avec Laure, chez lui, avant de la déposer morte sur le chemin près de Verfeil ? Patrice Alègre était-il en compagnie d'un ou de plusieurs de ses proches ? Qui ? Parmi ses amis et relations douteuses, plusieurs résidaient à l'époque dans le voisinage. Et parmi ceux que Laure Martinet aurait pu définir comme des « voisins », certains noms hantent mon esprit. D'autres personnes, connues des services de police et de la justice pour violences et viols, fréquentaient Patrice Alègre plus ponctuellement. Je ne les citerai pas : ces gens sont libres, la justice ne les a pas inquiétés et Patrice Alègre lui-même, s'il a eu des complices, n'en a jamais parlé. Pour moi, en tout cas, il n'était pas seul, au moins lors d'une partie des faits. Il est possible que le ou les complices aient participé à l'enlèvement de Laure, puis se soient éclipsés. Je n'ai aucune preuve de ce que j'avance, seulement mon intime conviction. La seule chose qui soit avérée, c'est que la version de Patrice Alègre concernant le viol et le meurtre de Laure Martinet n'est pas exacte. Il l'a certes violée et tuée. Mais de nombreuses questions restent et resteront sans doute sans réponse : que sont devenus les vêtements de Laure ? Pourquoi ses affaires scolaires ont-elles été abandonnées sur les bords de la Garonne, à Fenouillet, où d'autres femmes perdront aussi la vie ? Qui les a déposées là ? Le procès n'a pas permis d'élucider ces mystères, faute d'explications de Patrice Alègre.

Quant à l'enquête... Après la découverte du corps de Laure Martinet, les enquêteurs ont entrepris de comparer l'ADN de certains habitants de Saint-Geniès-Bellevue avec celui retrouvé sur le cadavre. À l'époque, la gendarmerie n'avait pas d'outils informatiques pour recenser tous les habitants et a donc dû travailler sur des listings administratifs. Le frère de Patrice Alègre a été prélevé, mais son ADN ne correspondait pas à celui retrouvé sur le corps. Le jour où les prélèvements ont été effectués, Patrice Alègre a bénéficié d'une chance insolente : il était tout simplement absent de la commune lors du ratissage des gendarmes. Chance d'autant plus décourageante qu'aucun habitant du village n'a prévenu les enquêteurs de son absence alors qu'il était connu de tous comme un délinquant notoire. Patrice Alègre a donc pu échapper aux mailles du filet. Pourtant sa compagne apparaissait sur le listing de la gendarmerie en tant qu'habitante de la commune et elle a été convoquée pour être entendue. Des années plus tard, Patrice Alègre a admis à plusieurs reprises qu'après avoir tué Laure Martinet il était convaincu de son arrestation prochaine. Surtout lorsqu'il a appris que sa compagne allait être entendue par les gendarmes. Le 16 février 1990, elle est donc reçue par les enquêteurs et leur explique qu'elle a été prise en stop à la même période que Laure et que son chauffeur lui a fait des propositions malhonnêtes. Elle donne une description de l'individu mais ne parle pas de son concubin. Aujourd'hui, pour Patrice Alègre, c'est un « miracle » de s'en être sorti aussi aisément. D'autant qu'il avait pris des risques : dix jours après le meurtre, il a vendu au moins un des bijoux de Laure, une chaîne en or, à un bijoutier-antiquaire de Toulouse. Ce n'est nullement l'erreur humaine d'un ou de plusieurs enquêteurs qui a sauvé Patrice Alègre de l'arrestation : c'est la carence d'un système qui manquait de moyens à la fois techniques et scientifiques et qui, du même coup, n'a pu empêcher la mort de ses futures victimes.

Si Patrice Alègre avait des complices, pourquoi ne les a-t-il jamais donnés ? On peut imaginer bien sûr qu'il respecte un « code d'honneur » : ne pas balancer. Pour moi, mais j'y reviendrai, ce n'est pas le cas. Tout ce qu'il dit, ou cache, a sans doute pour lui une utilité immédiate ou plus tardive, calculée. Non qu'il soit, comme certains se plaisent à le croire, particulièrement intelligent. Mais il est éminemment calculateur.

Il est, en tout cas, une femme et un homme qui sont déterminés à ce qu'il ne puisse jamais retrouver la liberté : ce sont les parents de Laure Martinet. Au procès, le père de Laure a jeté à Patrice Alègre : « Ma femme et moi, on t'a condamné à mort. » Aux autres familles des victimes qui, elles, lui demandaient la vérité, Patrice Alègre n'a rien lâché. En revanche, à Jean-Michel Martinet, il a indirectement répondu : « Je comprends M. Martinet, à sa place je penserais la même chose. » La mère de Laure, quant à elle, m'a confié un message pour le bourreau et assassin de sa fille. Je n'ai jamais pu le lui faire passer lors de nos multiples rencontres car les circonstances ne s'y prêtaient pas. Je profite de ce livre pour m'acquitter de cette mission : « Dites à Patrice Alègre que je le tue chaque nuit, à chaque fois de façon différente, qu'il souffre beaucoup à chaque fois, et que cela me fait du bien. »

Martine Matias

J'ai déjà expliqué comment Patrice Alègre, lors de son arrestation en septembre 1997, avait mis lui-même les enquêteurs sur la piste du meurtre de Martine Matias. Et comment les policiers toulousains, soucieux de rattraper le classement de ce meurtre évident en suicide, ont très vite récupéré ce dossier.

Lorsque le corps de Martine, brûlé dans l'incendie de son appartement, a été retrouvé le 10 février 1997, des traces évidentes d'agression subsistaient. Ainsi l'ampoule du palier dévissée et cachée, le sang dans la baignoire, sous le tapis de la salle de bains, le soutien-gorge déchiré abandonné dans le couloir, des restes d'une arme de poing, et enfin la position du corps arqué en arrière, comme si les poignets avaient été attachés aux chevilles dans le dos. À l'autopsie, les médecins ont retrouvé des brûlures électriques dans l'anus, et des traces de chloroforme dans l'estomac et sur la plèvre : Martine a donc inhalé mais aussi bu de cette substance. Ils mettent également au jour des traces d'inhalation de fumée. Ce qui prouve que Martine n'était, hélas, pas morte lorsque Patrice Alègre a mis le feu à son appartement : ses fonctions vitales n'étaient pas encore atteintes…

À elle seule, la position du corps de Martine Matias ne laissait aucun doute quant au meurtre. Elle avait d'ailleurs frappé l'expert incendie intervenu très rapidement sur les lieux. En sa qualité d'expert, il a pris des photos. Comme la police. Mais les clichés des policiers sont moins bons, ils écrasent le corps qui apparaît à plat ventre, sans que l'on puisse remarquer qu'il est cambré en arrière, en U, que la tête est renversée et que ce qui reste des membres inférieurs semble également tiré vers le haut, comme si les poignets et les chevilles avaient été attachés ensemble.

Tous ces éléments ont bien été relevés sur la scène du crime. Ils vont évidemment à l'encontre de la thèse du suicide. C'est pourquoi, à l'époque, au sein de la police elle-même, cette enquête a créé un débat intense. Certains enquêteurs ont tout de suite cru au meurtre. D'autres ont opté pour la thèse du suicide. Parmi les premiers, plusieurs sont allés jusqu'à se retirer de l'affaire quand ils ont compris que la thèse de la mort volontaire serait vraisemblablement retenue.

La famille de Martine, qui n'a jamais cru au suicide, a elle-même mené une enquête poussée, apportant des éléments d'investigation conséquents. Elle a notamment signalé la disparition d'objets au cours de l'enquête. Le frère et la sœur de Martine Matias sont allés jusqu'à tamiser les cendres qui restaient dans l'appartement et c'est ainsi qu'ils se sont aperçus qu'il manquait un sac à main de Martine : sa boucle, métallique, ne pouvait avoir brûlé. Ce sont eux qui ont révélé la disparition de ce sac, ainsi que de celle de plusieurs CD dont les policiers ont dit qu'ils avaient pu être prêtés… Au procès, une connaissance de Patrice Alègre, un chauffeur de bus, est venu spontanément témoigner l'avoir croisé au petit matin, près de chez la victime, portant un sac de sport. L'homme, étonné de le voir de si bonne heure, lui a demandé : « Qu'est-ce que tu fais ? Tu vas au sport ? » Dans ce sac, Patrice Alègre emportait peut-être ce qu'il comptait revendre : les CD volés, le sac à main à boucle et des billets pour un concert de Cesaria Evora.

À chaque fois que la famille Matias a soulevé des incohérences criantes, posé des questions gênantes parce que précises, elle n'a trouvé face à elle qu'incompréhension, parfois des réponses saugrenues, voire du mépris. Des policiers ont même sous-entendu, devant la sœur de Martine, qu'elle n'était peut-être pas aussi « sage » que sa famille pouvait l'imaginer, parce qu'ils avaient trouvé chez elle des dessous en dentelle ! Aujourd'hui encore la famille Matias, qui a fait preuve d'un vrai courage et d'une grande dignité, se dit révoltée et profondément meurtrie par le traitement que lui ont réservé certains, alors même qu'elle était dans la peine la plus absolue.

Comment a-t-on pu conclure au suicide ? En se fondant sur l'expertise médico-légale et sur des témoignages, les policiers ont envisagé l'hypothèse d'une dépression. Quelques jours avant sa mort, une collègue de Martine l'a vue arriver au travail les yeux un peu rougis comme si elle avait pleuré. À partir de là, l'intime conviction des enquêteurs s'est forgée et a influencé toutes les auditions ultérieures. De cet éventuel état dépressif – au demeurant totalement nié par l'ensemble de la famille qui côtoyait Martine plusieurs fois par semaine – au suicide, le pas a été vite franchi.

Selon moi, l'enquête a été bien menée. Mais très vite, les certitudes de certains policiers ont influencé leur discernement et faussé tout leur travail. Encore une fois, ils n'ont pas accordé assez d'importance aux éléments matériels. Ou plutôt, ils ne les ont pas considérés objectivement ! Il existait tellement d'éléments matériels attestant du meurtre… que cela ne pouvait être qu'un suicide ! Les policiers ont donc estimé qu'aucun criminel ne pourrait être assez maladroit pour laisser autant de traces et leurs conclusions ont été avalisées et contresignées par la hiérarchie selon l'usage.

À propos de cette affaire, il me reste une dernière réserve : je ne peux imaginer que le meurtre de Martine Matias ait pu être maquillé en suicide pour servir un intérêt quelconque. Que les policiers aient pu être aveuglés par l'hypothèse du suicide, c'est une réalité. Mais une phrase du capitaine Porta est restée gravée dans ma mémoire. Interviewé par France 2 dans le cadre d'un reportage pour « Envoyé spécial » début 2002, juste avant le procès de Patrice Alègre, quant à son sentiment sur cette enquête pour le moins ratée, il a fait cette étrange réponse : « Et puis, il y avait ma hiérarchie... » Cette phrase m'interrogera longtemps. Qu'a-t-il voulu dire ? Voulait-il insinuer que sa hiérarchie aurait fait pression pour que ce dossier soit classé comme un suicide ? Et si oui, qui en son sein et pourquoi ?

Lorsque j'ai repris les dossiers concernant Patrice Alègre, je me suis construit une protection intellectuelle personnelle. Je ne me suis jamais intéressé aux noms des policiers ayant travaillé sur ces dossiers. En aucun cas je ne souhaitais être accusé de vouloir déclencher une guerre des polices. J'ai peut-être eu tort. Je me suis peut-être ainsi privé de la possibilité de recouper, beaucoup plus tard, des informations concernant les responsabilités éventuelles de l'un ou l'autre de ces policiers dans plusieurs dossiers. Même si depuis un étonnant rapport interne tend à innocenter les policiers incriminés. Mais à l'époque, je ne pouvais pas imaginer que cette affaire dériverait tant. Avant le procès de Patrice Alègre, ma hiérarchie me poussait fortement à communiquer, à faire état de nos réussites. Mais j'ai toujours gardé à l'esprit que la compétence comme l'incompétence ne sont pas l'apanage d'un corps ou d'un autre. J'ai bien fait, puisque la gendarmerie aussi a trébuché, au moins dans trois dossiers : la disparition d'Hélène Loubradou et les meurtres d'Hélène Rodes et de Marie Lombrassa, respectivement considérés comme un suicide et une mort naturelle.

À propos de l'assassinat de Martine Matias, Patrice Alègre a vraisemblablement menti comme il a menti à propos des autres meurtres, y compris lors de son procès. Je ne crois pas un instant qu'il ait sympathisé avec Martine dans un McDonald's, comme il l'a prétendu. Il l'a d'abord repérée puis observée suffisamment longuement. Ensuite il lui a tendu une véritable embuscade, minutieusement préparée. À l'époque il vivait juste en face de l'appartement de Martine Matias. Il a donc pu facilement la surveiller, noter ses habitudes, ses heures de sortie et de retour. S'il a prévu du chloroforme et une arme, c'est sans doute parce qu'il avait compris que Martine Matias était très sportive : elle était championne de France de boxe française. Mais il avait eu tout le loisir de vérifier qu'elle vivait seule. Patrice Alègre est un chasseur : il a pris son temps et a tout prévu.

La mère de Martine Matias m'a expliqué très précisément comment sa fille s'habillait lorsqu'elle se rendait à son entraînement, plusieurs fois par semaine. Elle a indiqué sur quelle épaule la jeune femme portait la bride de son sac à main où elle gardait ses clefs, comment elle portait son sac de sport de l'autre main. Comment elle ouvrait sa porte, en arrivant chez elle. En somme, comment Martine vivait. Le meurtre a eu lieu en plein hiver, Martine portait une écharpe qu'elle enroulait deux fois autour de son cou. Sa porte s'ouvrait de droite à gauche. Ce soir-là, l'éclairage de son palier ne s'est pas allumé : Patrice Alègre avait dévissé l'ampoule. Martine a posé son sac de sport, récupéré ses clefs dans son sac à main. Elle a poussé la porte et elle est entrée. Célestine Matias, sa mère, pense que c'est à ce moment-là que Patrice Alègre l'a attaquée. Et je crois qu'elle a raison.

Il a attendu qu'elle déverrouille la porte. Dès qu'elle s'est ouverte, il lui a sauté dessus par-derrière et l'a propulsée dans l'appartement, vraisemblablement en lui collant la main sur la bouche pour étouffer son cri. Face à la porte d'entrée sur la droite, se trouvait la salle de bains. L'élan de l'agression a entraîné Martine jusque dans cette pièce, dans laquelle a été retrouvé beaucoup de sang sur le sol, sous le tapis de bain, mais aussi dans l'eau de la baignoire. La baignoire était pleine car Martine prenait un bain chaque matin et n'en vidait l'eau que le soir. Dans la salle de bains, sous l'effet du choc provoqué par Patrice Alègre, Martine s'est-elle d'abord brutalement cognée ? En tout cas, elle a lutté avec son agresseur : elle était boxeuse mais surtout, d'après le portrait dressé par sa famille et ses amis, elle n'était pas du genre à se laisser agresser sans réagir. La lutte a même dû être sérieuse car elle a perdu beaucoup de sang. Une fois maître de la situation, Patrice Alègre l'a probablement emmenée sur le lit où il l'a attachée pour lui faire subir l'innommable. Il lui a fait inhaler et boire du chloroforme afin d'être plus tranquille. Patrice Alègre avait, de toute façon, une arme de poing. Au procès, la voisine vivant en dessous de Martine Matias est venue témoigner : elle a déclaré avoir entendu des bruits étonnants la nuit du meurtre, comme des meubles que l'on tirait sur le sol. Elle l'avait déjà déclaré lors de sa première audition. Devant la cour d'assises de la Haute-Garonne, cette femme assez âgée a également évoqué « trois cris terrifiants » qui ont déchiré la nuit et qui la hantent encore. Mais elle n'a pas alerté la police.

Les hurlements de Martine ont-ils déchiré le silence *avant* qu'il ne la couche sur le lit, à moitié inconsciente ? Ou bien a-t-elle crié parce que Patrice Alègre l'a réveillée de sa semi-inconscience pour mieux la torturer, comme il l'a fait plus tard avec Mireille Normand ? Patrice Alègre, en grand pervers, a-t-il osé attaquer et « jouer » avec un être humain susceptible de lui opposer une résistance, dans un immeuble habité, en plein Toulouse ? Martine Matias était une combattante : elle a combattu. Jusqu'au bout. Face à Patrice Alègre, elle ne pouvait que perdre. Son courage m'inspire le plus grand respect.

4.
La Cellule

« C'est le devoir qui crée le droit et non le droit qui crée le devoir. »
Chateaubriand, *Mémoires d'outre-tombe.*

Prise de conscience

Ce que d'aucuns qualifiaient d'« obsession monomaniaque » de ma part, c'est-à-dire la série de disparitions et de meurtres dans lesquels Patrice Alègre pourrait être impliqué, semble désormais une hypothèse de travail sérieuse. C'est tout au moins ce que je peux croire puisque le lieutenant-colonel Pelé et son adjoint le lieutenant Brunt me permettent d'organiser en juin 2000 une réunion d'information. Sont présents le lieutenant-colonel Pelé ; le lieutenant Brunt ; le commandant Candalot, un officier parisien ; François Carles, créateur de la base de données *Alègre 3* ; Francis Hébrard et quelques autres membres de la Section de recherche. Les magistrats concernés, le vice-procureur Vignaud-Rabastens et le juge Lemoine, devront tirer des conclusions de mon compte rendu et nous exprimer leurs souhaits en fin d'après-midi. À la lecture de cette liste, je constate qu'un membre important de notre hiérarchie, le lieutenant Deschamps, qui m'a permis de suivre le stage *Falcone* un an plus tôt, adjoint au bureau de police judiciaire de Bordeaux, a été « oublié ». De façon tout à fait officieuse, je fais en sorte de réparer cet oubli. J'ai aussi personnellement demandé à un psychiatre, le Dr Franc, d'être des nôtres. Nous nous sommes rencontrés quelques mois plus tôt, dans le cadre de mes recherches en analyse criminelle. Il est un des premiers à avoir expertisé Patrice Alègre à Toulouse et il a été formel : il lui semble quasiment exclu que le tueur ait pu s'arrêter de violer et de tuer une fois son premier meurtre accompli. Premier meurtre, dont encore aujourd'hui nous ignorons à quelle époque il a été réellement commis.

Pour cette réunion, j'ai préparé un ordre du jour précis. Je commence par présenter les dossiers sur lesquels nous travaillons ; j'égrène ensuite des noms de victimes, qui tous témoignent tragiquement de meurtres non résolus, ou classés en suicides, et de disparitions non élucidées. Les magistrats m'écoutent attentivement. Mais la réunion ne se déroule pas tout à fait comme je l'avais prévu : dès la pause de seize heures, avant même que les magistrats aient pu parler, mes supérieurs se lèvent pour prendre congé. Je suis stupéfait : c'est là une drôle de façon de marquer leur manque d'intérêt à la fois pour mes recherches mais surtout pour les magistrats et les officiers bordelais et parisiens, ainsi que pour l'énorme enquête qui nous attend peut-être ! J'aborde discrètement le colonel et lui fais remarquer qu'il part alors que dans quelques minutes les magistrats vont nous dire ce qu'ils attendent de nous.

Il me rétorque que j'ai très bien présenté les dossiers. Il doit partir et il me faut donc conclure gentiment. De toute façon Francis Hébrard va à Bordeaux, je vais changer d'affectation d'ici un an ou deux. En gros, pourquoi chercher les problèmes ? Les magistrats n'ont pas d'ordres à nous donner. Il se dirige vers la sortie avec le lieutenant Brunt après avoir salué l'assemblée. Si j'avais encore des doutes sur l'implication de mes supérieurs directs, c'est fini ! Le lieutenant Deschamps est un homme de haute stature, imposant : je le vois rougir de fureur.

La réunion reprend donc, sans les gradés de la Section de recherche. Bernard Deschamps ravale sa colère et s'adresse au vice-procureur, Christiane Vignaud-Rabastens, et à Serge Lemoine, le juge d'instruction. « Nous avons bien compris l'exposé du chef Roussel, déclare-t-il, et les potentialités de la gendarmerie en matière d'analyse criminelle… Mais, nous sommes bien d'accord, Alègre va être condamné, ça ne sert donc plus à rien de continuer. Il suffit de clôturer les dossiers en cours. » Je comprends aussitôt que le lieutenant Deschamps a choisi la provocation. Par cette antiphrase il prêche le faux pour savoir le vrai et souhaite vraisemblablement vérifier jusqu'où les magistrats ont l'intention d'aller. Et il n'est pas déçu. Le juge Lemoine tape du poing sur la table et assène avec force : « C'est un devoir pour la gendarmerie de relever ce défi, et pas seulement pour la gendarmerie, pour la justice également ! » Christiane Vignaud-Rabastens abonde dans son sens : « Pour le parquet et l'instruction, explique-t-elle, l'implication de la gendarmerie dans ce dossier est une priorité. Il faut relever le gant. »

Je souhaite rendre ici hommage à ces deux magistrats : leur détermination a relancé la machine. Sans eux, Patrice Alègre aurait vraisemblablement pu poursuivre une existence presque tranquille, au fond de sa cellule, sans jamais avoir à rendre de comptes supplémentaires à la justice et aux familles des victimes. S'il est, à l'heure actuelle, mis en examen pour six autres viols et meurtres, ce qui ne préjuge pas de sa culpabilité, c'est en grande partie grâce à Christiane Vignaud-Rabastens et Serge Lemoine.

Bernard Deschamps congédie alors courtoisement les deux magistrats, afin que nous puissions discuter entre gendarmes. Dès que les portes se referment, il nous interroge pour savoir qui prend l'affaire. Francis explique que je suis le seul à pouvoir le faire. Me voilà donc, enfin, officiellement en charge des enquêtes liées à Patrice Alègre : peut-être obtiendrai-je bientôt des moyens ?

Grâce à cette réunion, les officiers bordelais ont pris conscience de la gravité du cas Alègre. Un rapport détaillé sera déposé le lendemain matin à la première heure sur le bureau du général de la circonscription de gendarmerie.

Un devoir

Le résultat ne se fait pas attendre. Vu l'importance des faits, une nouvelle réunion est spécialement organisée à Rosny-sous-Bois par la Direction générale de la gendarmerie quinze jours plus tard, le 27 juin 2000. Enfin, je me sens pris au sérieux. Le lieutenant-colonel Pelé est du voyage en tant que responsable de la Section de recherche, mais ce projet lui semble difficilement réalisable. Le voyage vers Paris en voiture est extrêmement silencieux… À Rosny-sous-Bois, une belle assemblée nous attend. Le lieutenant-colonel Sassau, qui assiste à la réunion, est commandant du Bureau de police judiciaire de Marseille. C'est un homme passionné par son travail. Il a apporté avec lui un dossier de meurtre non élucidé pour que nous en discutions ensemble. La Direction nationale de la gendarmerie est représentée et plusieurs sous-officiers de départements du Sud-Ouest sont également présents, le lieutenant Deschamps représente notre hiérarchie régionale.

Devant tous ces gradés, j'expose l'analyse criminelle de certains dossiers, nos avancées, nos perspectives, le mode opératoire de Patrice Alègre qui nous oblige à travailler sur les dossiers de meurtre ainsi que sur ceux de suicide ou de disparition dans tous les départements où nous avons une trace de son passage : Ariège, Lot, Haute-Garonne, Tarn, Tarn-et-Garonne… J'explique le souhait des magistrats d'enquêter et combien il est nécessaire pour nous d'obtenir des garanties en moyens et en hommes. Une fois mon exposé terminé, le lieutenant-colonel Pelé prend la parole. La Section de recherche de Toulouse, déclare-t-il en substance, ne peut absolument pas se lancer dans une aventure comme celle-ci. Nous n'avons pas assez de moyens, c'est impossible, et de toute façon Patrice Alègre a pris son compte. Le lieutenant Bourgoin, qui représente la Haute-Garonne, renchérit timidement, eux non plus n'ont aucun personnel disponible…

Le lieutenant-colonel Sassau et le lieutenant Deschamps, heureusement, réagissent aussitôt. Pour eux, il est absolument nécessaire de mener ce travail. Et les officiers parisiens de conclure d'une seule voix : « Il est impensable pour la gendarmerie de ne pas réagir. C'est notre devoir. » Debout au pupitre, je bois ces paroles de soutien. Je comprends néanmoins certaines préoccupations du lieutenant-colonel Pelé et je décris à mes interlocuteurs, en toute objectivité, la principale limite à l'action de la Section de recherche : ses effectifs comptent seulement vingt-deux éléments, officiers et secrétaires compris. Matériellement, il est peu réaliste de l'imaginer s'occuper d'une aussi lourde enquête en plus de son activité ordinaire. Je sais pertinemment que, parmi tous les enquêteurs de la Section, bien peu sont très motivés à l'idée d'un travail aussi compliqué.

La Direction de la gendarmerie insiste donc pour que soient affectés à cette enquête les gendarmes ayant le meilleur profil. Elle avalise par ailleurs mon rôle de directeur d'enquêtes. La cellule Homicide 31 vient de voir officiellement le jour avec la bénédiction des hautes sphères parisiennes. Sa mission est précise : enquêter sur les dossiers que je viens d'évoquer et, dans un second temps, rechercher d'autres victimes potentielles. Notre retour en voiture à Toulouse avec le lieutenant-colonel Pelé est encore plus silencieux que l'aller…

Naissance difficile

Quelques jours plus tard, nouvelle réunion à la Section de recherche. Chaque enquêteur évoque les affaires en cours. Apparemment, tous croulent déjà sous les dossiers. L'adjudant-chef Mouret détaille l'un des siens et précise, à mon attention, qu'avant de s'occuper des vieux dossiers, il faut peut-être traiter les affaires en cours.

Avant de me donner la parole, le lieutenant-colonel Pelé constate que, comme tout le monde a beaucoup de travail et que la Section de recherche est surchargée, il ne peut désigner personne pour la nouvelle cellule. Il me laisse donc le soin de désigner les enquêteurs. En fait, depuis le temps que je travaille sur cette affaire, les gendarmes qui s'y sont intéressés se sont manifestés d'eux-mêmes. Ceux-là se sont donc autodésignés : Francis Hébrard bien sûr, mais aussi quelques autres. Pour le lieutenant-colonel, ce sont de vieux dossiers, nous ne sommes pas plus forts que les autres et, s'il y avait des choses à faire, elles ont été faites.

Ma réaction est immédiate : un vieux dossier, je ne sais pas ce que c'est. Je ne connais que des meurtres. Pour moi un homicide ce n'est pas un pot de yaourt : il n'y a pas de date de péremption, juste la prescription. Quant à « ce qu'il y avait à faire qui a déjà été fait », je ne peux m'empêcher de penser que l'apparition d'un tueur en série dans un circuit géographique est un élément nouveau pour l'ensemble des dossiers non résolus. De plus, avec l'évolution des techniques d'analyse, particulièrement de l'ADN, ce qui se fait aujourd'hui n'a plus rien à voir avec ce qui avait cours il y a huit ou dix ans. Qui peut nous assurer qu'à la lumière des évolutions scientifiques, certains scellés, s'ils étaient à nouveau analysés, ne donneraient pas la solution d'un meurtre ? Est-ce que l'on a le droit de fermer les yeux en disant « C'est fini » ? Pour les familles qui attendent la vérité, rien n'est fini. Le débat, houleux, continue. Rien de très concret n'en sort.

Quelques jours plus tard, j'apprends tout à fait par hasard, grâce à un collègue, que le groupement de gendarmerie de Haute-Garonne a désigné des enquêteurs pour la Cellule. Passé le premier moment de surprise, j'étudie la liste de ces cinq gendarmes qui m'ont été affectés : je ne les connais pas. Mais des collègues me renseignent. Pour des raisons variées, au moins trois d'entre eux ne correspondent absolument pas au profil souhaité par la Direction nationale de la gendarmerie. C'est une liste bancale, mais elle n'empiétera que très peu sur les effectifs de la Section de recherche. Un responsable de l'activité judiciaire à Bordeaux à qui j'ai fait un état des lieux du personnel qui m'a été affecté obtient le remplacement de deux hommes ainsi que l'affectation à la Cellule de Pascal Lambert, issu de la Section de recherche.

Parmi ceux qui ont travaillé à plein temps sous ma responsabilité ces dernières années, plusieurs avaient été peu investis par leur hiérarchie. Je n'ai pas l'habitude de juger les hommes sans les connaître, encore moins de prendre pour argent comptant les propos calomnieux. Au sein de la Cellule, j'ai donc d'abord remis ces hommes en confiance. C'était sans doute là, justement, ce que n'avait pas su faire leur hiérarchie précédemment. Or ces enquêteurs se sont révélés, au fil des mois, des travailleurs acharnés, compétents, mordants et courageux. Comme chaque être humain lorsqu'il est passionné par son travail et conscient de sa responsabilité, ils ont mis leurs problèmes personnels de côté. Leurs supérieurs ont commis une erreur de jugement sur leur compte.

Lorsqu'elle naît concrètement, la cellule Homicide 31 comprend donc cinq enquêteurs et un directeur d'enquêtes, détachés à temps plein. Huit autres gendarmes sont désignés comme ses correspondants depuis leur brigade, travaillant pour la Cellule au coup par coup.

Douze dossiers

Les directives de la Direction nationale de la gendarmerie sont ambitieuses : la nouvelle cellule doit d'abord traiter en urgence les dossiers de douze victimes dont on ne connaît pas l'assassin. S'agirait-il éventuellement de Patrice Alègre ? À nous de tenter de l'établir.

Josette Legoy, prostituée spécialiste du sadomasochisme, étranglée chez elle le 5 décembre 1987, retrouvée les mains attachées dans le dos dans son appartement incendié.

Hélène Loubradou, pensionnaire d'une clinique psychiatrique près de Toulouse, disparue le 16 août 1989. Son père évoque de nombreux éléments qu'il a donnés aux gendarmes toulousains mais qui, selon lui, n'avaient pas été utilisés. Par ailleurs, Hélène Loubradou allait régulièrement se promener au lac de Flourens, que Patrice Alègre fréquentait également.

Marie Lombrassa, infirmière en arrêt maladie, disparue dans le Tarn le 1er mai 1990. Son squelette a été retrouvé au milieu des bois le 9 juin 1990. Affaire classée en mort naturelle. Les constatations médico-légales ont fait apparaître une fracture de la mâchoire avec hémorragie ainsi que les fractures d'une côte et du péroné. Or le corps a été retrouvé sur un lit de mousse…

Valérie Réorda, seize ans, a disparu le 7 août 1990 à Saint-Jory, le lendemain de la fête du village. Son cadavre totalement putréfié a été retrouvé onze jours plus tard sous un pneu de tracteur et une bâche plastique. On ignore les causes de la mort. Patrice Alègre fréquentait souvent Saint-Jory, village proche de Saint-Geniès, et avait gardé plusieurs amis dans cette région.

Line Galbardi, prostituée assassinée la nuit du 2 au 3 janvier 1992 dans une chambre de l'hôtel de l'Europe à Toulouse.

Claude Martinez, travesti toulousain, spécialiste des pratiques sadomasochistes, tué le 27 février 1992 dans son local de « travail ».

Patricia Gélis, disparue le 5 octobre 1992, après avoir fermé le magasin de produits surgelés où elle travaillait.

Son corps a été retrouvé putréfié et partiellement habillé la première semaine de décembre dans la Garonne. On ignore les causes de la mort.

Dominique Griffith, tuée le 13 septembre 1994 à Carpentras. Infirmière, elle a été retrouvée morte dans sa baignoire. Le dossier a été classé par la brigade locale comme accident bien que Dominique Griffith ait reçu des coups sur la tête. On a trouvé une flûte à bec dans la baignoire et relevé des gouttes de sang dans l'escalier qui menait à la salle de bains. Un ami de Patrice Alègre travaille et habite à quatre-vingts kilomètres de Carpentras. Sur ce dossier, nous avons découvert des éléments que nous avons transmis à la Section de recherche locale qui a repris toute l'enquête.

Hélène Rodes, mère de cinq enfants, dont le corps a été découvert le 19 juillet 1995. Elle a disparu un soir de son domicile. Son mari a retrouvé sa vieille BMW en panne sur une route. Le corps d'Hélène Rodes a été repêché quelques jours plus tard près de la base nautique du lac de Cazères. La gendarmerie a classé le dossier en suicide, sans autopsie.

Josette Poiroux, masseuse érotique, poignardée le 21 octobre 1992 dans son appartement qui a ensuite été incendié. Un cabriolet, inconnu des habitants de l'immeuble, a été vu dans le parking de l'immeuble de la victime. L'analyse criminelle a permis d'établir que Patrice Alègre possédait un véhicule de ce type qu'il avait caché chez un ami. Un témoin affirme avoir croisé Patrice Alègre dans l'immeuble.

Corinne Lazzari, aide-soignante, est tombée en panne d'essence et a disparu le 2 mars 1992 à Labarthe-Isnard, sur la route de Toulouse à Saint-Gaudens, non loin du lac de Cazères, axe fréquenté par Patrice Alègre. Elle n'est jamais réapparue.

Geneviève Van Heacke, étranglée chez elle, dans le Lot, le 14 mai 1997 : l'ampoule au-dessus de son lit a été dévissée, comme sur le palier de Martine Matias. Dans ce dossier, grâce à l'analyse criminelle et à de nombreuses vérifications, nous acquerrons la certitude que, le jour du meurtre, Patrice Alègre se trouvait dans un autre département. Notre travail a donc également servi à l'innocenter dans ce cas précis.

Pour remplir notre mission, nous avons entrepris de récupérer systématiquement les dossiers initiaux et de tout reprendre, de A à Z. Cela impliquait de rechercher et de réentendre tous les témoins, de retrouver et d'analyser à nouveau tous les scellés, quand c'était possible, et de refaire les constatations si nécessaire. Pour la Direction nationale de la gendarmerie, Homicide 31, après en avoir terminé avec ces dossiers, devait appliquer la même méthode pour chercher d'autres cas de morts ou de disparitions susceptibles d'être révisés. Faute de moyens et de temps, la Cellule n'a jamais mené à bien ni même débuté cette deuxième tâche.

5.

Affaires rouvertes par la cellule Homicide 31

> « Reste devant la porte si tu veux qu'on te l'ouvre.
> « Ne quitte pas la voie si tu veux qu'on te guide.
> « Rien n'est fermé jamais, sinon à tes propres yeux. »
>
> Farid Attar, *Langage des oiseaux.*

Mon propos n'est pas ici d'affirmer que Patrice Alègre est coupable dans toutes ces affaires que nous avons exhumées. Je n'ignore pas qu'il est évidemment présumé innocent et qu'il n'y a même parfois pas forcément de liens entre ces affaires et lui. Il s'agit en revanche pour moi de montrer au lecteur que certains dossiers ont été classés trop vite et que la cellule Homicide 31, en les rouvrant, a mis au jour des imperfections, voire des erreurs. J'espère en les évoquant permettre qu'ils ne se referment plus sans solution. Et que bientôt le ou les coupables soient retrouvés.

Le « suicide » d'Hadja Ben Youssef

Cette affaire a été évoquée dans la presse, notamment dans *Le Nouvel Observateur* du 3 juillet 2003.

Le 30 novembre 1987, Hadja Ben Youssef, âgée de vingt-six ans et mère de deux enfants dont un nouveau-né, a été découverte morte dans son appartement, gisant dans une mare de sang, un couteau dans le cou, une corde serrée autour de la gorge et une étoffe enfoncée dans la bouche. Ce dossier est classé très rapidement « suicide » par la police nationale qui n'a vu aucun désordre apparent dans l'appartement. Pourtant, lorsqu'elle a été retrouvée, Hadja ne portait qu'un seul chausson au pied, l'autre était plus loin. Quelques objets étaient renversés. Un morceau d'un couteau différent de celui planté dans la gorge de la jeune femme était à côté du corps. Ce morceau a été mis sous scellés mais il n'a pas été exploité. Le visage d'Hadja était marqué par une blessure. Malgré tous ces éléments, cette mort n'est pas considérée comme un meurtre.

C'est un commissaire qui entend lui-même la voisine vivant en dessous de la victime, ce qui est déjà très étonnant en soi : habituellement, les commissaires ne se déplacent pas sur les lieux d'une macabre découverte pour entendre eux-mêmes les témoins. Un technicien de l'identité judiciaire chargé des constatations prélève du sang trouvé dans l'escalier de l'immeuble mais reçoit l'ordre de cesser ses recherches et ses prélèvements « puisqu'il s'agit d'un suicide »… À l'heure actuelle, l'Inspection générale de la police nationale

(IGPN), la « police des polices », enquête sur ces faits étonnants.

Les taches de sang dans l'escalier n'ont pas été expertisées. Le juge d'instruction Amédé Baudoin n'est pas du tout satisfait de l'enquête, ni de sa conclusion, et demande donc une contre-expertise médicale à l'institut médico-légal de Montpellier. Elle conforte l'expertise toulousaine : une anomalie cérébrale ayant pu entraîner un passage à l'acte suicidaire. Au début des années 90, le juge Baudoin contacte donc Daniel Soucaze à la Section de recherche afin qu'il récupère le dossier. C'est l'époque de l'affaire Laure Martinet. Daniel accepte le dossier malgré un cruel manque d'effectifs. La Section de recherche reprend l'enquête et découvre l'existence de témoins suspects. Malgré de rudes gardes à vue, aucune preuve matérielle ne vient corroborer les soupçons. L'enquête est à nouveau classée : meurtre non résolu.

Juste après le procès de Patrice Alègre en février 2002, la cellule Homicide 31 reprend ce dossier à la demande d'un membre de la famille de la victime. Le 22 avril 2002, le juge Lemoine nous saisit. Hadja travaillait au service nettoyage de la gare Matabiau. La gare, comme Valérie Tariotte et comme Patrice Alègre. Plusieurs autres éléments très précis que nous découvrons ensuite ne nous permettent pas d'exclure la « piste » Alègre.

À la Cellule, notre méthode de travail est de commencer par étudier un dossier, puis d'accumuler un maximum d'éléments avant, éventuellement, d'entendre Patrice Alègre à son sujet. Malheureusement, notre travail a souffert de l'excès de publicité fait au volet « viols, viols aggravés, proxénétisme en bande organisée et actes de torture et de barbarie » de l'affaire Alègre : d'un coup, soumis à de multiples pressions, nous n'avons plus été en mesure de poursuivre sereinement nos enquêtes concernant les meurtres non résolus.

Le rôle des médias et de la famille de la victime se révélera, je l'espère, déterminant pour que le dossier Ben Youssef ne se referme pas, une fois de plus, et cette fois de façon définitive.

La disparition d'Hélène Loubradou

Hélène Loubradou est née le 6 septembre 1962. Dépressive, elle a été hospitalisée plusieurs fois à sa demande à la clinique d'Aufréry, à Balma. Elle doit bientôt fêter son anniversaire en famille à la clinique. Dans l'après-midi du 16 août 1989, Hélène participe à un atelier d'ergothérapie. Elle se dispute avec un membre de l'encadrement, sort de la salle : personne ne la reverra plus… La clinique est un château situé dans un grand parc clôturé, en pleine campagne.

Son père contacte la gendarmerie de Balma pour signaler la disparition. Mais Hélène est majeure, elle peut donc partir quand elle veut, où elle veut. Un bois, en contrebas de la clinique, est néanmoins fouillé par les gendarmes et des volontaires. Rien. Dans sa chambre, ses effets personnels sont toujours là, ce qui inquiète d'autant plus la famille. Gabriel Loubradou, son père, cherche à obtenir l'ouverture d'une enquête préliminaire, il n'y parviendra que grâce à son opiniâtreté et à ses relations en tant qu'adjoint au maire de Cahors. La Section de recherche de Toulouse est alors chargée de l'enquête.

Gabriel Loubradou fournit des éléments aux enquêteurs, des écrits, la photo d'un individu trouvée dans la chambre de sa fille et avec qui elle a vraisemblablement noué des relations. Plusieurs personnes sont entendues. C'est un signalement de disparition qui m'a incité à étudier ce cas. Ce signalement portait la mention « disparition inquiétante » : le père d'Hélène avait donc réussi à faire admettre que sa fille n'avait pas fait une simple fugue.

En septembre 2000, je reçois à sa demande Gabriel Loubradou, qui s'aperçoit que j'ignore de nombreux détails concernant l'affaire. Il réalise ainsi à son grand étonnement que les éléments qu'il a fournis dès la disparition d'Hélène n'ont apparemment pas été pris en compte. C'est le cas du nom de l'ami d'Hélène et de sa photo, qu'il a pourtant déclaré avoir remise au patron de la Section de recherche. Pour le rassurer, je lui explique que nous allons tout reprendre de A à Z. Au fil des mois, nous découvrirons un certain nombre d'éléments intéressants. Là encore, ils ne nous permettent pas d'exclure l'hypothèse d'une rencontre entre Hélène et Patrice Alègre. Mais nous découvrons également qu'elle a côtoyé à la clinique certains individus au passé chargé. L'un d'eux a été hospitalisé après avoir kidnappé et séquestré une jeune femme dans un fourgon, sous la menace d'un fusil. Dans ce fourgon, dont elle a réussi à s'enfuir, cette femme a vu une tronçonneuse, un bidon d'essence, des vivres et de l'eau… Hélène a disparu moins d'un mois après que ce patient est sorti libre de l'établissement. Deux autres malades, également hospitalisés en même temps qu'Hélène, sont connus pour avoir commis des agressions à caractère sexuel.

À la Cellule, Jean-Jacques Quoniou était chargé de ce dossier. Lorsque Gabriel Loubradou a appris mon départ à la retraite, il a craint que l'enquête sur la disparition de sa fille ne soit clôturée. Il a donc immédiatement réagi, et cela me paraît essentiel : il a contacté la presse et les familles de victimes dans le but de constituer une association.

Le décès de Marie Lombrassa

Marie Lombrassa est née le 9 novembre 1949. Infirmière, elle vit à Castres dans le Tarn. En 1990, Marie a quarante ans, elle a des problèmes de santé et ne travaille plus. Elle fréquente le centre bouddhiste de Lavaur, dans le Tarn.

Le 1er mai 1990, elle quitte son domicile afin de prendre le bus pour Lavaur. Le 9 juin, sur la commune de Dourgne, dans la Montagne noire, un squelette est découvert par un chasseur au beau milieu des bois. Le cadavre, vêtu d'un pantalon, d'une chemise et d'une veste, repose face contre terre. Aucun désordre dans les vêtements, sauf peut-être un bouton qui manque à la chemise. Un chapeau habille la tête et les chaussures de ville ne sont pas maculées de terre. Impossible d'établir s'il s'agit d'un homme ou d'une femme.

La brigade de Dourgne et l'équipe de recherche de Mazamet commencent l'enquête. Le bassin, prélevé sur le cadavre, part pour expertise au centre médico-légal de Rangueil où, malheureusement, une femme de ménage le jette dans l'incinérateur. L'identification traîne. Finalement, il s'avère que ce corps est celui d'une femme. Environ six semaines plus tard, grâce à une voisine qui signale la disparition de Marie Lombrassa, à la tenue vestimentaire retrouvée sur le cadavre, aux bijoux et à un schéma dentaire, le squelette est identifié, c'est celui de Marie Lombrassa.

L'affaire est classée, mais pas en « meurtre, suicide ou mort naturelle », elle est tout simplement classée... Pourtant le squelette porte les séquelles d'une fracture de la deuxième côte droite et de la malléole ainsi que d'une fracture avec hémorragie de la mâchoire inférieure, conséquence d'un coup violent porté à la face. Ce cadavre est arrivé au milieu des bois très mystérieusement et certainement pas à pied, puisque les chaussures ne portent aucune trace de boue. De plus, le lieu de la découverte du corps est vraiment très isolé.

Après l'arrestation de Patrice Alègre, le commandant de la Brigade de gendarmerie de Dourgne me parle de ce dossier non élucidé. La cellule Homicide 31 le reprend. Notre travail a permis d'identifier plusieurs individus étranges dans l'entourage de Marie Lombrassa. Nous avons commencé à les approcher mais, faute de temps, nous n'avons pas pu les entendre directement avant mon départ à la retraite.

Le « suicide » d'Hélène Rodes

Comme la police, la gendarmerie a elle aussi commis son lot d'erreurs dans certains dossiers pouvant certes concerner Patrice Alègre mais aussi d'autres…

Hélène Rodes, mère de cinq enfants, a trente-quatre ans lorsqu'elle disparaît. Elle est retrouvée quelques jours plus tard, le 19 juillet 1995, « noyée » dans le lac de Cazères sur la Garonne. La gendarmerie conclut à un suicide : c'était un meurtre.

Le soir de sa disparition, Hélène part en voiture. Le lendemain matin, ses enfants se rendent chez leur grand-père et lui expliquent que leur mère n'est pas revenue. En rentrant chez lui, le mari d'Hélène, qui arrive du sud de la France, aperçoit la voiture de sa femme, une grosse BMW d'un vieux modèle, abandonnée sur le bas-côté. Il s'arrête, tente de faire démarrer la voiture, n'y parvient pas. Chez lui, il apprend que sa femme n'est pas rentrée la veille et contacte la gendarmerie. Quelques jours plus tard, sur la base nautique de Cazères, vers 20 heures, deux jeunes skieurs nautiques sont alertés par une odeur pestilentielle. L'un d'eux découvre un corps flottant, la face immergée. Les secours sont prévenus. Le corps est déplacé jusqu'à un embarcadère où les pompiers le sortent de l'eau. C'est Hélène Rodes.

Hélène se serait suicidée, en proie à un délire mystique, après avoir été hospitalisée en psychiatrie au centre de Rozes près de Saint-Girons, en Ariège. En 1998, soit trois ans après la mort de la jeune femme, Patrice Alègre avoue avoir pris en stop une femme qu'il aurait violée et étranglée. Il se serait débarrassé du corps, caché dans un sac, en le jetant dans le lac de Cazères. Le cadavre d'Hélène Rodes est le seul à avoir été retrouvé dans le lac. *A priori* la tenue vestimentaire de l'auto-stoppeuse décrite par Patrice Alègre et celle du corps d'Hélène Rodes ne correspondent pas. Le lieu de découverte du cadavre n'est pas non plus l'endroit exact où Patrice Alègre déclare l'avoir jeté. À l'époque, la Section de recherche arrête donc là ses investigations.

Mais en 2000, la cellule Homicide 31 les reprend, en collaboration avec un substitut du procureur de Saint-Gaudens. J'ai voulu récupérer ce dossier pour plusieurs raisons : la parole de Patrice Alègre n'est pas parole d'évangile et j'ai déjà constaté que, lorsqu'il avoue un crime, il entremêle souvent, et sciemment, réalité et mensonge, pour en faire un écheveau qu'il imagine assez inextricable. Par défi peut-être, pour tester son interlocuteur assurément. D'autre part, je sais que le tueur garde souvent en mémoire certains détails très précis concernant ses victimes. À propos de l'auto-stoppeuse, il a évoqué un porte-monnaie contenant moins de cent cinquante francs. Or le mari d'Hélène Rodes a fait la même description du contenu du sac à main de sa femme, avec la même somme. C'est peu, mais c'est un début.

Je me rends au lac de Cazères, avec Francis Hébrard d'abord, puis avec le vice-procureur Vignaud-Rabastens et le juge Lemoine. J'ai obtenu l'aide d'une équipe de plongeurs pour faire une reconnaissance sous-marine. Nous voulons évaluer la profondeur du lac avant de savoir si nous pouvons y chercher des indices. Ce jour-là, j'ai avec moi les quelques rares photos du corps. Un plongeur, qui les regarde, m'explique qu'au vu de sa couleur sombre ce corps ne peut s'être putréfié dans l'eau mais forcément à l'air libre.

Autre incohérence concernant un suicide : le véhicule d'Hélène Rodes a été abandonné à quatre kilomètres en amont de l'endroit où son corps a été retrouvé. Et à deux kilomètres de la Garonne. Hélène aurait donc dû parcourir de nuit ces deux kilomètres à pied avant de se jeter dans le fleuve qui, en plein mois de juillet, a un débit très faible. Il n'y avait donc pas assez d'eau pour que le corps puisse être charrié sur plusieurs kilomètres. Et s'il avait été malgré tout entraîné par les flots, les vêtements auraient été déchirés par des pierres et des branches. Enfin, il aurait dû s'échouer sur les galets du pont de Cazères. Nous acquerrons donc la conviction qu'Hélène Rodes est morte à l'air libre et que son corps y est resté exposé suffisamment longtemps pour noircir. De plus, le mois de juillet est une saison d'intense activité sur le lac de Cazères, fréquenté toute la journée par des dizaines de bateaux, de skieurs nautiques et de baigneurs. Pourtant le corps d'Hélène n'a été découvert que vers 20 heures par deux sportifs attirés par une odeur très forte. Personne n'aurait rien vu ni rien senti de toute la journée ? N'est-ce pas plutôt parce qu'à 20 heures le corps venait juste d'être jeté à l'eau ?

Notre méthode, toujours la même, est de tout reprendre à zéro. Là encore, la découverte de plusieurs éléments ne nous permet d'exclure ni l'hypothèse

Alègre sur laquelle nous avons travaillé, ni celle d'autres personnages troubles qu'Hélène a rencontrés lors de ses hospitalisations. Reste aussi la possibilité d'une rencontre de hasard, sur la route où la BMW d'Hélène Rodes est tombée en panne.

L'enquête de 1995 ayant très vite conclu au suicide, le corps d'Hélène Rodes n'a pas été autopsié. Pour être absolument sûr qu'elle ne s'est pas suicidée, il est donc nécessaire d'exhumer son corps. Des expertises médico-légales indépendantes doivent pouvoir corroborer, ou infirmer, les soupçons. Quand un être humain se noie, il ingère de l'eau, suffoque, et les alvéoles pulmonaires explosent. Dans l'eau vivent des micro-organismes, des diatomées, que l'on retrouve, en cas de noyade, dans les poumons et les organes très vascularisés comme les fémurs. La carapace de ces diatomées est en silice, et donc imputrescible. L'autopsie du corps d'Hélène Rodes exclut la présence de diatomées dans les fémurs : Hélène n'est donc pas morte en avalant de l'eau. A-t-elle pu mourir par hydrocution, à la suite d'un choc thermique dans une phase de digestion ? Selon le médecin légiste, il n'y avait pas un écart suffisant entre la température de l'air et celle de l'eau le jour de la disparition d'Hélène pour provoquer une hydrocution. Une information est enfin ouverte pour meurtre. Pour le mari d'Hélène Rodes et pour ses enfants, savoir que la défunte ne s'est pas donné la mort est primordial.

Pendant quinze jours, de très gros moyens ont été engagés pour pouvoir effectuer des recherches dans le lac de Cazères. Je rends ici hommage au lieutenant-colonel Sevilla, qui a dirigé la Section de recherche après le lieutenant-colonel Pelé. Il s'est énormément investi pour défendre son unité, mais aussi pour le maintien de la cellule Homicide 31. Il a réussi à obtenir des gendarmes mobiles pour la garde du site, puis la collaboration du directeur de cabinet du préfet de la Haute-Garonne qui est venu sur place et celle d'EDF (le barrage du lac de Cazères étant sous la responsabilité de l'entreprise publique), ainsi que d'une unité entière de la Sécurité civile de Brignoles qui a fourni les bateaux, les camions et les lances pour dégager la vase. Des commandos de plongeurs de la Marine nationale, du 17e régiment du génie parachutiste et des plongeurs de l'armée de l'air sont également venus. Enfin, et peut-être surtout, je rends hommage aux plongeurs de la gendarmerie qui ont travaillé avant, pendant et après la venue du gros des troupes. Ils se sont surinvestis dans leur mission, allant jusqu'à plonger à la limite de leurs possibilités physiques dans une eau glacée. Ils ont travaillé à l'aveugle, repêchant des chaussures, un briquet zippo Harley Davidson, des voitures… Nous cherchions tout ce qui était susceptible de venir éclaircir le dossier d'Hélène Rodes ou un autre.

La prescription a été suspendue grâce à l'ouverture d'une information judiciaire pour meurtre : pendant dix ans après la clôture de l'enquête, aujourd'hui toujours en cours, le meurtrier, quel qu'il soit, est susceptible d'être jugé, s'il est un jour confondu.

La disparition de Corinne Lazzari

Cette jeune femme de vingt-huit ans disparaît le 2 mars 1992 à Labarthe-Inard, entre Toulouse et Saint-Gaudens. Elle regagnait son domicile en voiture, après avoir rendu visite à ses parents. Un signalement est fait à la gendarmerie locale. La Renault 20 de Corinne est retrouvée vide, apparemment en panne d'essence, près d'une route nationale. C'est une vieille voiture, dont les portières sont défectueuses. Seul le hayon s'ouvre facilement. Des gitans qui vivent en face du lieu de la panne affirment que la jeune femme leur a demandé où elle pouvait trouver une station-service. Ils indiquent aussi avoir vu les phares d'une autre voiture arrêtée à côté de la sienne.

Des barrages routiers sont organisés. La famille, les amis de Corinne sont entendus. La Section de recherche de Toulouse puis le SRPJ sont chargés de l'enquête. Un homme est particulièrement soupçonné, placé en garde à vue et même inculpé pendant un temps. Mais aucun élément ne prouve son implication dans la disparition de Corinne Lazzari. Le périmètre du lieu de la disparition est passé au crible, des puits sont sondés. Rien. Dans ce dossier, tour à tour, gendarmes et policiers ont réalisé un travail tout à fait honnête. Patrice Alègre ayant déclaré avoir enlevé, violé et étranglé une jeune femme dont il aurait jeté le cadavre dans le lac de Cazères, non loin de Labarthe-Inard, Homicide 31 reprend tout de zéro. Là encore, nous découvrons des éléments intéressants qui ne nous permettent d'exclure ni la piste Alègre, ni celle d'une ou plusieurs autres personnes.

Près de douze ans après la disparition de Corinne Lazzari, des investigations restent donc à réaliser. Après mon départ à la retraite, j'ai appris que ce dossier était « reparti » chez le juge de Saint-Gaudens, ce qui pourrait signifier un classement rapide. Mais la famille de Corinne, qui s'est portée partie civile, ou son avocat, Georges Catala, pourraient s'y opposer.

La mort de Valérie Réorda

Le 7 août 1990, cette jolie jeune fille de seize ans disparaît le lendemain de la fête du village de Saint-Jory, en Haute-Garonne. Son corps est retrouvé onze jours plus tard, en bordure d'un champ non loin de la Garonne, en état de décomposition, sous des branchages, une bâche et un pneu de tracteur. Impossible de dire si elle a été violée et les causes de la mort sont inconnues. Les gendarmes s'occupent des premières constatations et de l'enquête de voisinage.

Pendant la fête de Saint-Jory, un homme a tenté d'enlever une jeune fille. Il est placé en garde à vue et vite innocenté. Un proche de Valérie devient le suspect numéro un. Mais aucun élément probant n'est découvert. Plusieurs pistes sont explorées, sans succès.

Fin 1997, après l'arrestation de Patrice Alègre, le dernier enquêteur à s'être occupé du dossier s'appelle Jean-Claude Claverie. Nous avons travaillé ensemble à Toulouse. Il vient me demander si Patrice Alègre aurait pu tuer Valérie Réorda. C'est une hypothèse de travail parmi d'autres. Jean-Claude Claverie place donc Patrice Alègre en garde à vue dans le cadre de son enquête. Sans résultat.

Avant même la création de la Cellule, Patrice Alègre, incarcéré à Toulouse, nous a indiqué avoir fréquenté Saint-Jory, où il avait son coiffeur et où il pêchait régulièrement. En 2000, la mère de Valérie, qui jamais ne se résignera, se débrouille pour relancer l'affaire. Il apparaît qu'au moins trois amis très proches de Patrice Alègre habitent à moins d'un kilomètre du domicile de Valérie. Chez l'un d'eux, il a même caché une voiture volée ainsi que du foie gras provenant du cambriolage d'une usine.

Les investigations sont retardées par les problèmes de personnel. Gilles est rappelé dans son unité d'origine avant d'être enfin réaffecté à la Cellule. Pendant ce temps, Christophe Moireau, l'autre enquêteur chargé du dossier, part à la recherche des scellés : une véritable chasse au trésor ! Une partie d'entre eux aurait été détruite, une autre exploitée par divers laboratoires, la dernière perdue au greffe du tribunal... mais Christophe la retrouve en partie ! L'audition des témoins, dont les amis de Valérie, est retardée d'autant. Fin septembre 2002, placé en garde à vue dans le cadre de ce dossier, Patrice Alègre reconnaît seulement avoir pêché dans le coin.

Que reste-t-il à faire aujourd'hui ? Entendre à nouveau la totalité de l'entourage de Valérie ; vérifier tous les lieux fréquentés par Patrice Alègre et par Valérie ; exploiter tous les scellés enfin retrouvés. Parmi eux, des traces de sang sur du carrelage de la maison des parents de Valérie Réorda : ce scellé devrait être analysé à la lumière des avancées scientifiques en matière d'ADN. Alors, en dehors de l'hypothèse Alègre, de nouvelles pistes ou des pistes anciennes non abouties apparaîtront peut-être.

Le meurtre de Suzanne Mortesagne

Le 6 juin 1987, cette femme de soixante-cinq ans, qui vit à Gagnac-sur-Garonne, passe la journée avec ses enfants. Puis elle part aux champignons et ne rentre pas à son domicile. Le lendemain, on la retrouve morte sur la commune de Fenouillet, au lieu dit Le Gèze, en bord de Garonne. C'est un lieu de promenade où les pêcheurs ont leurs habitudes. Les gendarmes se chargent de l'enquête. Environnement, lieux, hypothèse d'un meurtre commis par des proches, tout est envisagé. Suzanne a été rouée de coups au visage, son corps a été dissimulé dans un roncier, sous un tas de bûches. Il a été traîné là, sur plusieurs dizaines de mètres. Le meurtre a été commis vers 18 h 30. Cause du décès : hémorragie cérébro-méningée due à un traumatisme crânien très violent.

En décembre 2001, la cellule Homicide 31 est chargée de ce dossier. Certains détails rappellent étrangement la découverte du corps de Valérie Réorda, comme le montrent les photos aériennes de la scène de crime. Les lieux de découverte des corps de Valérie et de Suzanne sont distants de quatre kilomètres et sont situés sur la même rive de la Garonne. L'éloignement entre la rivière et les corps est quasi égal. Les deux corps ont été dissimulés et recouverts de branchages ou de bois. Dans un autre dossier, celui de Laure Martinet, les affaires de la jeune fille ont été retrouvées dans le même secteur, un peu plus bas. Le corps d'une autre victime, Patricia Gelis, a lui aussi été découvert dans le voisinage, mais retenu par des branchages sur l'autre berge de la rivière.

La disparition d'Anne-Marie Nayral de Puybusque

Au moment de sa disparition, cette femme a un peu plus de soixante ans. Elle est infirmière et célibataire. Elle a été vue pour la dernière fois le 6 août 1987. La gendarmerie est alertée douze jours plus tard. Anne-Marie Nayral de Puybusque habite à Launaguet, bourgade limitrophe de Saint-Geniès où vit Patrice Alègre. L'enquête est confiée au SRPJ, qui déploie tous les moyens nécessaires. Le départ volontaire semble exclu. Comme à chaque fois, l'entourage proche fait l'objet d'investigations très sérieuses.

En octobre 2001, le frère d'Anne-Marie Nayral de Puybusque, ancien premier président de la cour d'appel de Toulouse, me contacte pour que la Cellule récupère ce dossier. De belle allure pour son âge, la disparue était très sociable et peu craintive. Il n'est pas exclu qu'elle ait fait une mauvaise rencontre. D'autre part, dans la même zone, une jeune mère de famille a disparu dans l'intervalle de quelques années auquel nous nous intéressons. Puis nous apprenons qu'une troisième femme, d'origine espagnole, âgée d'une soixantaine d'années elle aussi, a disparu dans les années 90 non loin du domicile d'Anne-Marie Nayral de Puybusque. En décembre 2002, nous n'avons toujours aucun enquêteur disponible pour travailler sur ce dossier. J'en informe Jean Nayral de Puybusque, qui comprend nos problèmes d'effectifs[1].

1. Le 11 octobre 2003, *La Dépêche du Midi* a révélé une autre mort étrange : le 23 octobre1990, le corps d'Édith Schleichart, vingt-deux ans, a été retrouvé dans un champ à une trentaine de kilomètres de Toulouse. Une photo de l'époque atteste de la présence de Marc Bourragué, alors substitut du procureur, lors des constatations policières sur les lieux de découverte du cadavre. La mort d'Édith a été considérée comme un suicide ou une overdose médicamenteuse, mais aujourd'hui la justice semble mettre en doute cette conclusion. Là encore, des parents espèrent toujours la vérité.

6.
Les nouvelles mises en examen

« Si l'on peut en finir du passé avec l'oubli, on n'en finit pas de l'avenir avec l'imprévoyance. »
Lamennais,
Mélanges religieux et philosophiques.

À l'heure où je finis d'écrire ce livre, en janvier 2004, Patrice Alègre est mis en examen pour homicide volontaire, assassinat et viol sous la menace d'une arme pour les meurtres de Line Galbardi, Josette Legoy, Claude Martinez, Josette Poiroux, Patricia Gelis, et pour le viol de Françoise D… Patrice Alègre est bien sûr présumé innocent. La réouverture des dossiers concernant ces faits et l'aboutissement des enquêtes sont des réussites incontestables de la cellule Homicide 31 et de la justice.

Line Galbardi

Née le 21 octobre 1963 à Sept-Îles au Canada, Line Galbardi est morte la nuit du 2 au 3 janvier 1992, dans une chambre de l'hôtel de l'Europe à Toulouse.

Ce dossier a été rouvert par nos soins grâce au propre témoignage de Patrice Alègre. En 1999, alors que j'ai déjà débuté l'analyse criminelle de son parcours, il est incarcéré à la maison d'arrêt de Mende où il ne se plaît guère. Il écrit donc au doyen des juges d'instruction de Toulouse, Serge Lemoine, pour être entendu par les enquêteurs de la Section de recherche au sujet du meurtre d'une prostituée, sans plus de précision. Le juge Lemoine, que je rencontre avec Francis Hébrard, nous demande d'organiser rapidement son extraction. Connaissant l'individu, je sais qu'avant de l'interroger sur un dossier, il faut réunir le maximum d'éléments. Je sollicite donc un délai de huit jours dont nous profitons, avec quelques enquêteurs, pour nous imprégner des dossiers de meurtres de prostituées à Toulouse : dans les années 90, une série de meurtres non élucidés a frappé le milieu de la prostitution toulousaine.

Comme je m'y attendais, Patrice Alègre tente de nous « balader ». Selon moi, la lettre au juge Lemoine n'avait d'autre but que de lui permettre de réintégrer la maison d'arrêt de Toulouse où sa grand-mère peut lui rendre visite. Après l'avoir informé que nous vérifierons ses propos, je lui annonce qu'à mes yeux sa présence à Toulouse n'est pas indispensable. Si Serge Lemoine est du même avis, il peut donc se préparer à regagner Mende.

Patrice Alègre demande à me parler seul à seul. Mes collègues hésitent un moment devant le danger, mais je les rassure. Patrice Alègre est prostré, anxieux, recroquevillé sur sa chaise. Je me place face à lui, nos têtes se touchent presque. Je lui parle doucement pour lui expliquer qu'il est indispensable qu'il nous révèle enfin tout son vécu, tant pour lui que pour nous. Après quelques mois d'analyse criminelle, j'ai le sentiment de bien le connaître. Je lui parle beaucoup de lui. Il est à la fois surpris et flatté que quelqu'un se soit donné autant de mal pour le connaître réellement. Il constate que je n'ai pas peur. Il sent que je cherche réellement à comprendre qui il est, et surtout comment il est devenu ainsi. Le contact entre nous s'établit. Avec le temps, il s'affinera, et Patrice Alègre saura lire en moi comme je saurai lire en lui.

Il reconnaît alors avoir bien tué la fille dans un hôtel de Toulouse. C'est un premier pas, mais je ne peux considérer ses propos comme un aveu car il me livre trop peu de précisions. Patrice Alègre affirme ne pas se souvenir de la façon dont il a tué la prostituée parce qu'il était drogué au moment des faits. J'énumère alors une longue liste volontairement invraisemblable : fusil, bombe, pistolet, sabre, couteau… À ce mot, il m'interrompt, réfléchit, semble hésiter à propos du couteau et lâche qu'il a dû l'étrangler. Il localise l'hôtel et en fait une description assez précise car il y a vécu quelque temps. En fin d'après-midi, accompagné d'une solide escorte, il nous conduit à l'hôtel de l'Europe. Les lieux correspondent à sa description. Une jeune femme, Line Galbardi, a bien été assassinée dans l'une des chambres en janvier 1992. Elle n'a pas été tuée à l'arme blanche et nous savons que ce n'est le cas d'aucune des victimes jusque-là reconnues par Patrice Alègre. Pourquoi a-t-il réfléchi avant de nous préciser comment Line est morte ?

Voilà comment commence, pour nous, l'affaire Line Galbardi, jeune prostituée assassinée dans l'indifférence totale d'un hôtel pourtant largement fréquenté. C'est dans le cadre de l'enquête concernant la mort de cette jeune femme que des témoins ont mis en cause des policiers et de nombreuses personnalités. Force est de constater que l'enquête initiale de 1992 a, au minimum, souffert de nombreuses lacunes. Le propre frère de la victime a été soupçonné, mais certaines personnes comme le veilleur de nuit de l'hôtel, les voisins de la chambre où le crime a eu lieu et des proxénètes ont été « oubliées » ou très peu sollicitées. La scène de crime a été visiblement modifiée avant que ne soit découvert le cadavre de Line Galbardi.

Sans doute la cellule Homicide 31 est-elle aujourd'hui loin d'avoir tout découvert sur cette affaire, elle a néanmoins réussi à identifier, retrouver et presser de questions les témoins directs de ce meurtre sordide : Christèle B..., que les médias présenteront sous le pseudonyme de « Patricia », et Florence K... qui, elle, deviendra « Fanny ». Je pense que la totalité des protagonistes a été mise au jour. Il reste à en répartir les rôles et les responsabilités. L'image des « nuits toulousaines » qui ressort de cette affaire donne la nausée.

Patrice Alègre est mis en examen en octobre 2001 pour le meurtre de Line Galbardi ; le veilleur de nuit Gilbert Carteyrade et l'ancien proxénète Lakhdar Messaoudène le seront à leur tour, respectivement en 2002 et 2003.

Depuis, tous deux ont été remis en liberté. Florence K…, qui accusait Lakhdar Messaoudène de complicité de meurtre, s'est rétractée mais pas Christèle B… Toutes deux accusent toujours Patrice Alègre d'avoir tué Line Galbardi. Il a d'ailleurs avoué le crime devant les enquêteurs et le juge d'instruction avant de revenir sur ses aveux… qu'il a ensuite confirmés notamment par l'intermédiaire d'une fameuse lettre à l'animateur de Canal +, Karl Zéro. Depuis, Patrice Alègre s'est à nouveau rétracté.

Grâce au travail sur le passé criminel toulousain que nous avons entamé avec le dossier Line Galbardi, les affaires Josette Legoy, Josette Poiroux et Claude Martinez rejoignent la liste des meurtres à résoudre après analyse.

Josette Legoy

Née le 18 août 1927 à Alger, issue d'une famille de grands commis de l'État et de riches commerçants, elle est morte le 5 décembre 1987, à soixante ans, assassinée dans son local de prostitution, rue Denfert-Rochereau à Toulouse. Josette Legoy était connue pour accepter les demandes sadomasochistes de certains clients. Elle n'en était pas moins une mère attentive et une femme généreuse, y compris financièrement, pour ses proches. Selon ses « collègues », c'est cela qui l'a poussée à travailler de plus en plus et à accepter des clients inhabituels. Quoi qu'il en soit, l'enquête menée à l'époque n'aboutit pas.

Comme toujours, nous reprenons les investigations de zéro lorsque nous récupérons le dossier : recherche et audition de toutes les personnes citées, nouvelles analyses biologiques des scellés, comparaison des caractéristiques de ce meurtre avec celles de la base *Alègre 3* gérée par François Carles, efficacement secondé par Magalie Bouthor. Des experts sont commis pour procéder à des comparaisons avec différentes scènes de crime déjà jugées. Les nombreuses auditions, essentiellement menées par Christophe Moireau, se révèlent également fructueuses et corroborent les découvertes des premiers enquêteurs. Le soir du meurtre, un motard a attiré l'attention des prostituées travaillant à côté de Josette : il les a importunées, se montrant même agressif avec deux d'entre elles dans une chambre. Ces filles, effrayées, ont renoncé à leur passe. Selon elles, ce motard serait Patrice Alègre. Comme il l'a fait lors de son procès en 2002, Patrice Alègre maintient qu'il ne fréquentait pas de prostituées.

Patrice Alègre a été mis en examen pour le meurtre de Josette Legoy le 30 mai 2002.

Claude Martinez

Né le 8 octobre 1944 dans la banlieue toulousaine, il a été tué le 27 février 1992, dans son local sordide de prostitution, au 16, rue des Tourneurs à Toulouse.

Travesti prostitué depuis 1976, Claude Martinez travaille sous le nom de « Claudia » et il est connu pour faire lui aussi « dans le sadomaso ». Il aurait filmé des clients à leur insu pour se livrer ensuite au chantage, c'est du moins ce qu'affirment certains.

La nuit fatidique, Claude, pourtant solide gaillard ne rechignant pas à faire le coup de poing, est lardé de coups de couteau. La voisine du dessus entend bien des cris mais elle ne fait pas appel à la police et n'intervient pas. C'est seulement le lendemain, intriguée par une porte restée ouverte, qu'elle découvre le meurtre. Ce jour-là, un jeune journaliste toulousain rejoint l'équipe de policiers qui procède aux constatations puis à la levée du corps. Interrogeant un fonctionnaire de police sur la victime et les circonstances de cette mort, le journaliste dit avoir obtenu une réponse qu'il n'oubliera jamais : « T'emballe pas, de toute façon je te fiche mon billet que cette affaire ne sortira jamais. » Si cette réponse est avérée, ces propos m'apparaissent lourds de sens douze ans plus tard…

La prédiction se confirme : le meurtre n'est pas résolu. Un autre travesti est soupçonné un temps, en raison d'un différend ayant trait à un trafic de stupéfiants ou à une dette d'argent, mais il décédera quelques années plus tard. Ce dossier recèle lui aussi des éléments troublants : quelques jours après le meurtre, des inconnus ont visité le logement de Claude Martinez. Certains indices, et même des scellés, ont disparu. L'IGPN tente actuellement de faire toute la lumière sur ces anomalies.

Notre enquête progresse au gré des allers et retours des enquêteurs au sein d'Homicide 31. Je n'ai pu que constater combien cette gestion aléatoire voire erratique du personnel entraînait d'entraves dans une enquête criminelle. Ainsi, sans la vigilance du juge Lemoine, nous n'aurions pas découvert des éléments qui se sont révélés déterminants par la suite.

Florence K..., témoin trop médiatisé, connaissait Claude Martinez. Ses auditions dans le cadre de l'enquête sur ce meurtre se révèlent à nouveau explosives puisqu'elle met en cause une nouvelle fois une pléiade de notables. Elle parle d'enregistrements vidéo réalisés par Claude Martinez lors de soirées très spéciales où apparaissent les clients de ce dernier. Ces cassettes vidéo, dangereuses pour certains, seraient donc le mobile du meurtre. Info ou intox ? Ces films resteront en tout cas introuvables malgré notre acharnement à ne rien négliger.

C'est dans cette affaire qu'apparaîtra Pierre-Olivier Puis dit « Djamel », un témoin qui s'avérera mythomane et manipulé. Il prendra d'ailleurs soin de raconter son histoire aux équipes de TF1 puis de France 2 avant de nous rencontrer. Suffisamment bien informé pour convaincre de prime abord, il se révélera rapidement être une véritable « torpille » visant à décrédibiliser notre travail. Le but de la manipulation ne sera que partiellement atteint. « Djamel », décédé subitement en septembre 2003 dans des circonstances qui font l'objet d'une enquête judiciaire, a probablement emporté ses secrets dans sa tombe. Qui lui a demandé de jouer un tel rôle dans l'affaire Martinez ? Christèle B... a reconnu l'avoir manipulé et a fait pour cela de la détention provisoire. Mais l'a-t-elle fait de sa propre initiative ?

Patrice Alègre, entendu à plusieurs reprises, nie absolument avoir fréquenté des travestis. Mais de multiples éléments attestent pourtant qu'il a eu des relations avec des hommes. Deux travestis prostitués en ont témoigné publiquement en février 2002 devant la cour d'assises de la Haute-Garonne. L'un d'eux, Jacques Delacroix dit « Jacky », aujourd'hui décédé, a expliqué que Patrice Alègre aurait été, à de nombreuses reprises, son client, actif et passif, dès 1985 : le tueur avait alors dix-sept ans.

Je tiens à rendre hommage à ces témoins souvent méprisés parce que prostitués ou travestis. En tant que directeur d'enquêtes, j'ai trouvé chez eux un véritable courage. C'est la raison pour laquelle, comme je ne pouvais pas me rendre personnellement aux obsèques de Jacques Delacroix, deux enquêteurs de la Cellule se sont eux-mêmes proposés pour y assister. « Jacky » a su faire preuve d'un véritable sens civique en refusant la peur.

Patrice Alègre est mis en examen le 14 mai 2003 pour le meurtre de Claude Martinez.

Josette Poiroux

Née le 18 août 1948 à Saint-Martin-du Brem en Vendée, elle a été tuée le 21 octobre 1992.

Arrivée depuis peu de Perpignan, Josette Poiroux exerçait l'activité de masseuse érotique à son domicile à Toulouse. Alertés par l'incendie de son appartement, les secours ont découvert son corps sans vie, poignardé et partiellement brûlé. Josette, belle quadragénaire, exerçait à Perpignan et s'était installée à Toulouse pour rechercher une nouvelle clientèle. L'enquête est rouverte à la demande du parquet de Toulouse. L'étude de l'enquête initiale laisse entrevoir la possibilité de faire progresser les investigations. En effet, au moment de sa mort, Josette avait rendez-vous avec un client : « René ». À l'époque, il n'a pas été identifié. Nous retrouvons aussi sur son carnet de rendez-vous le prénom d'un autre habitué : « Patrick. »

Rapidement, les efforts et le travail méthodique de Jean-Jacques Quoniou, enquêteur de la Cellule, sont récompensés. Il entend toutes les personnes s'étant livrées à la même activité que la victime à Toulouse. Certaines d'entre elles lui apportent d'importantes informations.

Toujours grâce à elles, nous retrouvons « René », le client avec qui Josette Poiroux avait rendez-vous le jour de sa mort. C'est un avocat. A-t-il croisé le criminel sur les lieux du crime, et surtout pourquoi, alors qu'il avait rendez-vous avec Josette, et qu'une voisine l'a vu parler à l'interphone, dit-il ne pas s'en souvenir ? Ces questions restent sans réponse.

En dressant la liste exhaustive des locataires de l'immeuble où travaillait Josette Poiroux, nous nous apercevons qu'un grand nombre d'entre eux n'a jamais été interrogé. Jean-Jacques s'attelle courageusement à cette tâche laborieuse. Son travail, énorme, porte ses fruits : un véhicule, inconnu des résidents de l'immeuble, a été vu le jour du meurtre dans le parking souterrain de l'immeuble. Ce véhicule nous permettra peut-être de remonter la piste du meurtrier de Josette Poiroux.

Quelques instants avant d'être tuée, Josette Poiroux conversait au téléphone avec une amie. Leur communication a été interrompue par un coup de sonnette : il s'agissait d'une jeune femme effectuant un démarchage à domicile pour le compte de France Loisirs. Après quelques mots, et un refus de Josette, la démarcheuse a poursuivi son porte-à-porte dans l'immeuble. Un moment plus tard elle a croisé un jeune homme descendant l'escalier. L'attitude de l'homme a attiré son attention, sans motif particulier. Cette femme a gardé en mémoire l'image de l'individu qu'elle a croisé. Elle est encore en mesure de donner certains détails. L'ancienne représentante accepte courageusement d'être confrontée à Patrice Alègre. Nous avons tous en mémoire les toutes premières secondes de ce face-à-face. Dès que le regard du témoin s'est porté sur Patrice Alègre, elle a été prise de tremblements. Bien sûr, elle le reconnaissait, mais sa réaction spontanée aurait suffi pour en être certain.

Patrice Alègre est mis en examen le 30 mai 2002 pour le meurtre de Josette Poiroux.

Françoise D...

Dans cette tragique série d'agressions commises essentiellement en 1992 au sein du monde de la prostitution, figure Françoise : une miraculée.

Alors qu'ils enquêtent sur le meurtre de Line Galbardi, Philippe Dassibat et Pascal Lambert identifient, recherchent et interrogent tous les acteurs de la nuit toulousaine en 1992. C'est ainsi qu'ils rencontrent

Françoise : durant une période de sa vie, elle a été livrée à la prostitution par une série de compagnons qui l'ont utilisée comme une marchandise quelconque. Ainsi est-elle passée des mains d'un souteneur à un autre en échange d'un véhicule d'occasion ! Dans de volumineux albums photographiques où figurent des clichés de très nombreux personnages susceptibles de présenter un intérêt quelconque, Françoise identifie quelques filles qui exerçaient la même activité qu'elle et reconnaît formellement un homme qui, selon elle, l'a agressée et violée à Toulouse. Il avait un couteau, elle a eu très peur et pense n'avoir eu la vie sauve que parce qu'elle a réussi à s'enfuir après avoir détourné son attention.

Françoise affirme que son agresseur est Patrice Alègre, qui réfute totalement cette accusation. Il est toutefois mis en examen dans ce dossier pour viol sous la menace d'une arme le 7 juin 2001.

Patricia Gelis

Cette jeune mère de famille, qui disparaît le 5 octobre 1992 à Toulouse, soit quinze jours avant le meurtre de Josette Poiroux, n'a rien à voir avec le milieu de la prostitution. Patricia Gelis a été vue pour la dernière fois dans le commerce où elle travaillait, le Frio Center, place Dupuy, à Toulouse. Son corps est découvert le 6 décembre 1992 dans la Garonne, sur la commune de Grenade.

C'est donc en nous fondant sur la date et la localisation des faits que nous sélectionnons ce dossier. Je confie l'enquête à David Rimbaud, qui travaillera avec la Cellule. Mais sa position est inconfortable car il n'est pas totalement détaché. Il se qualifiera lui-même d'« intermittent du spectacle »... Les débuts de son enquête sont difficiles, il parvient toutefois à faire apparaître peu à peu de nouveaux éléments. Deux axes principaux retiennent notre attention : un réexamen des éléments matériels et des lieux de disparition et de découverte du corps, après que nous avons étudié l'hypothèse d'un meurtre commis par un proche.

En ce qui concerne la découverte du corps, Patricia ayant été retrouvée dans la Garonne, il faut savoir si elle est morte noyée. Pour cela, et grâce à l'accord des parents, ont lieu une exhumation et des expertises médico-légales pour rechercher la présence de diatomées que les analyses ne décèlent pas. L'expertise du bol alimentaire, pratiquée lors de la première autopsie, ne plaide guère en faveur de l'hydrocution. Patricia a certes pu être victime d'une agression sexuelle, mais nous ne pouvons l'affirmer. D'autre part, un bijou de Patricia a disparu.

Grâce à l'enquête environnementale, David découvre les habitudes de Patricia, le café qu'elle fréquentait souvent lors de ses pauses et les habitués de ce bar. Les riverains, les employés et les commerçants voisins du Frio Center sont contactés et réentendus. De nombreuses auditions sont menées. Nos investigations, longues et minutieuses, n'ont pu nous permettre d'écarter l'hypothèse d'un crime lié à Patrice Alègre, qui a été mis en examen le 5 octobre 2001 pour ce meurtre.

7.

Christèle B… (« Patricia ») et Florence K… (« Fanny »)

« La vérité existe, on n'invente que le mensonge. »

Georges Braque, *Le Jour et la Nuit.*

Puisqu'il m'a été publiquement reproché d'avoir suscité certaines déclarations de Florence K…, il est nécessaire de raconter fidèlement – et, bien sûr, sans trahir de secrets – tant le contexte que la substance de certains de nos échanges.

Un passé qui ne passe pas

En janvier 2001, un mois avant le premier procès de Patrice Alègre devant les assises, deux de mes soldats, Philippe Dassibat et Pascal Lambert, enquêtent sur le meurtre de Line Galbardi. C'est une autre présumée victime de Patrice Alègre qui les lance sur les traces de Christèle B… et de Florence K… Françoise D… se prostituait elle aussi à Toulouse dans les années 90. Les filles de l'époque, la rue Bayard, l'hôtel de l'Europe, les bars glauques, Le Barrié, L'Étincelle, elle connaît. Patrice Alègre aussi, elle connaît. Françoise D… indique donc à Philippe et Pascal que, sur le trottoir, les filles ont beaucoup parlé entre elles. Plusieurs autres prostituées dont Christèle B…, Florence K…, Nadia C… et Isabelle L… pourraient avoir des choses à dire concernant le meurtre de Line Galbardi. Elles travaillaient toutes les quatre dans le quartier de la gare Matabiau. Philippe et Pascal les ont longtemps cherchées. Ils ont fini par remonter d'abord jusqu'à Christèle B… puis jusqu'à Florence K… au printemps 2002.

Ces deux femmes croyaient avoir laissé loin derrière elles leur vie d'avant. Enfouies dans leur mémoire, les rues glauques de Toulouse. Derrière elles, les hôtels de passe sordides, les macs, les menaces, les coups, parfois les viols. Derrière elles, la peur qui annihile toute tentative de rébellion. Depuis dix ans, peu à peu, elles ont tout organisé pour oublier et se faire oublier. Et elles ne se sont pas revues. Surtout pas : Florence K… et Christèle B… ne s'apprécient pas. Dans les années 90, Christèle B… dit avoir tenu le rôle ambigu d'« agent d'encadrement », voire de recrutement. Son rôle aurait été de récupérer des jeunes filles, souvent mineures, en fugue, en rupture avec leur famille ou des foyers, et de les former « au trottoir ». Elle leur aurait fait miroiter l'avantage d'une vie au gain facile et rapide en échange d'un boulot pas si compliqué selon elle. Et, une fois sur le trottoir, elle les aurait surveillées pour le compte de proxénètes dont, assure-t-elle, Patrice Alègre.

Dans le travail, Christèle B… n'avait pas la réputation d'être une tendre. Florence K…, elle, affirme avoir croisé des mineures lors de soirées très spéciales, et elle n'aurait jamais pardonné à Christèle B… son rôle actif.

Des années plus tard, toutes deux semblent avoir des remords. Mais pour oublier, il faut savoir rayer de sa mémoire les témoins d'un passé maudit. Quelques jours après la mort de Line Galbardi, Christèle B… a quitté la région. Pour sauver sa vie, assure-t-elle. Mais aussi, sans doute, pour ne pas être inquiétée par la justice, qui aurait pu s'intéresser d'un peu trop près à ses « fonctions » dans ce quartier maudit de la gare Matabiau. Il faut être réaliste : le monde dans lequel elle évoluait alors était une véritable jungle. Si elle a réussi à échapper au sort qui s'acharnait contre les prostituées toulousaines à cette époque, aux overdoses, aux disparitions subites, aux meurtres, c'est vraisemblablement parce qu'elle a développé un instinct de survie qui n'a que bien peu de liens avec un quelconque sens des valeurs morales.

Lorsque la Cellule la retrouve, Christèle B… a trente-trois ans. Elle habite au pied des Pyrénées avec ses enfants. Elle a souffert, mais elle est dure à la tâche. Elle change souvent d'emploi, travaille dans une usine de produits de beauté, puis comme apprentie dans une fabrique de charcuterie, ouvrière dans une chocolaterie, aide ménagère auprès de personnes âgées. Florence K…, elle, vit à Toulouse avec ses enfants. Elle va bientôt se marier. Son compagnon est un gentil garçon qui ignore la majeure partie de son passé.

C'est alors que Philippe et Pascal déboulent sans crier gare : les deux anciennes prostituées paniquent. Tout ça pour rien ? Jamais, au grand jamais, ne pouvoir aspirer à une vie tranquille ? Elles vont d'abord tenter, toutes les deux, de se protéger encore, de préserver leur semblant d'équilibre, un quotidien apparemment redevenu normal. De gagner du temps. Chacune à son tour se cache, se terre. Puisqu'elles ont réussi, une première fois, à fuir un monde terrifiant, elles pensent pouvoir aussi échapper à la police judiciaire qui vient leur demander des comptes. Elles n'y réussiront pas. Les gendarmes d'Homicide 31 leur ont barré la route de la tranquillité, interdit tout droit à une vie banale et sans histoires, débarrassée du parfum nauséabond d'un passé moribond. Tel était notre devoir, pour la mémoire de Line Galbardi. Mais je conçois qu'elles ne nous l'aient jamais pardonné. Elles qui savaient mieux que nous, quand nous les avons trouvées, dans quels vertiges nous allions tous être entraînés. Il a fallu à Philippe et Pascal du temps, beaucoup d'énergie et une enquête poussée pour mettre la main sur ces deux témoins, dont nous ignorions tous qu'ils seraient d'une importance capitale pour l'enquête concernant la mort de Line Galbardi.

Le meurtre

De Christèle B..., je garde le souvenir de témoignages qui s'étoffent peu à peu. Jusqu'à ce qu'elle reconnaisse en savoir très long sur le meurtre de Line Galbardi. Durant le premier semestre 2001, le courant semble à peu près passer entre Philippe, Pascal et elle. Christèle B… est très spontanée ; vive, elle a la repartie cinglante, le verbe gouailleur, mais elle ne s'emporte pas, paraît calme. Peu à peu, son témoignage sur le meurtre de Line Galbardi s'affine : mais mon binôme d'enquêteurs supporte de moins en moins ses variations qu'il interprète comme des mensonges. Pour moi, son témoignage, si évolutif soit-il, est d'une haute importance. Christèle B…, si elle parle, apportera peut-être la vérité sur le meurtre de Line. Je tente d'expliquer à Philippe et Pascal que ses différentes versions habillent des évolutions prévisibles : ce témoin a appartenu à un monde différent du nôtre. Le monde de la nuit, dont les maîtres mots sont violence, drogue, sexe, argent. On ne peut espérer de Christèle B… un témoignage circonstancié en deux ou trois jours. C'est une ancienne prostituée, au passé chargé, instinctivement méfiante, qui garde des souvenirs cuisants de ses relations passées avec des truands et, dit-elle, avec des tueurs comme Patrice Alègre, avec des policiers, nous affirmera-t-elle aussi, comme d'ailleurs d'autres prostituées. De quoi rester muette face à des hommes de loi.

Christèle B… a un visage aigu, un casque de cheveux bruns mi-longs, elle est de taille moyenne, mince, vive et nerveuse. Elle porte sur le corps la trace de sévices anciens : brûlures, coups et même mutilations au rasoir. Comment pourrait-elle, du premier coup, nous accorder sa confiance ? Quel intérêt aurait-elle à nous parler du meurtre de Line Galbardi ? Elle affirme donc d'abord ne pas être allée à l'hôtel de l'Europe lors de cette fameuse nuit du 2 au 3 janvier 1992. Puis elle admet y avoir été conduite par un proxénète, Lakhdar Messaoudène, et y être entrée, mais nie avoir pénétré dans la chambre où Line a été assassinée. Elle aurait juste entendu des cris.

Pour moi, il ne s'agit pas là de mensonges au sens strict du terme, mais plutôt de non-dits. Comme une dérisoire tentative de se garder à chaque fois ouverte une porte de sortie, une issue de secours. Comme un animal pris au piège se débat par instinct de survie pour échapper à la mâchoire qui le broie et, ce faisant, resserre un peu plus le lacet. Car nous ne la lâcherons pas. Les semaines, les mois passent. Elle évolue dans ses propos comme dans ses relations avec nous. C'était une étrangère : nous l'apprivoisons peu à peu. Nous apprenons à décrypter ses messages, ses attitudes, avec plus de finesse et de rapidité. À interpréter certains de ses silences, à la connaître mieux, tout simplement. Et elle aussi, comme avant elle Patrice Alègre, comme après elle Florence K…, apprend à nous connaître, à intégrer notre monde, à admettre notre mode de pensée. Elle se découvre. Avec Nadia C…, Isabelle L…, Christèle B… et Florence K…, ma doctrine, ma stratégie, sont les mêmes qu'avec Patrice Alègre : donner de soi-même pour recevoir de l'autre.

Le 8 janvier 2003, Christèle B… reconnaît avoir assisté au meurtre de Line Galbardi. Elle sait qu'elle peut être mise en examen pour complicité. Elle s'effondre. Voilà le scénario qu'elle livre. Un soir, Lakhdar Messaoudène et Patrice Alègre seraient venus les chercher, Line et elle, dans l'Alfa-Roméo rouge de Lakhdar Messaoudène. Plus loin, ils auraient fait monter une jeune prostituée, une toute nouvelle « protégée » de Lakhdar Messaoudène. Une jeune Française de vingt ans, aux cheveux châtain foncé, coupés court. Grande, mince, de type méditerranéen, très jolie, indique Christèle B… La voiture aurait pris la route de Saint-Gaudens et aurait emprunté un chemin de terre. Line aurait reconnu les lieux, proches du lac de Noé. Patrice Alègre aurait d'abord sodomisé la jeune prostituée devant les trois témoins. Mais elle se serait débattue. Lahkdar Messaoudène l'aurait frappée. Patrice Alègre l'aurait violée, puis étranglée, toujours devant Line Galbardi et Christèle B… Selon cette dernière, les deux hommes auraient ensuite coulé les pieds de leur victime dans un seau de ciment avant de la jeter dans le lac de Noé. Patrice Alègre aurait ensuite rappelé aux deux jeunes femmes qu'elles étaient dorénavant complices de meurtre…

Peu de temps après ce premier meurtre, Line Galbardi aurait craqué. Elle se serait rendue à la sûreté urbaine de Toulouse pour dénoncer Patrice Alègre. Mais elle aurait tout raconté à un inspecteur qui, selon Christèle B…, serait l'un des policiers qui aurait ramassé régulièrement des enveloppes d'argent auprès des filles. Il aurait donc immédiatement prévenu Lahkdar Messaoudène que l'une de ses filles avait trop parlé. Patrice Alègre et Lahkdar Messaoudène auraient donc fait du meurtre de Line une « punition », un « exemple » pour les autres prostituées.

Voici la version définitive qu'elle donne du meurtre de Line Galbardi (version non encore avérée et niée par Lahkdar Messaoudène et Patrice Alègre) : Christèle B…, Line et Nadia C… buvaient un verre ce soir-là au bar Le Barrié, rue Bayard. Lahkdar Messaoudène les aurait rejointes, aurait dit savoir que l'une d'elles avait « balancé » Patrice Alègre à la police. Line serait devenue blême et elle serait descendue aux toilettes avec Nadia C… Lahkdar Messaoudène aurait profité de leur absence pour demander à Christèle B… de lui confirmer que Line était bien la coupable. Une fois remontée des toilettes, Line serait retournée à l'extérieur du café, reprendre sa place sur le trottoir, tournant le dos à la vitrine du bar. Christèle B… serait venue se placer face à elle et Line lui aurait avoué avoir dénoncé Patrice Alègre, parce qu'elle n'en pouvait plus, que cette mort au bord du lac avait été de trop. À travers la vitre, Christèle B… aurait alors adressé un signe de tête discret à Lahkdar Messaoudène. Plus tard, le proxénète serait venu chercher Line sur le trottoir pour l'emmener à l'hôtel de l'Europe. Il aurait ensuite fait de même avec Christèle B… À l'entrée de l'hôtel, Lahkdar Messaoudène aurait donné l'ordre au veilleur de nuit, Gilbert Carteyrade, d'afficher la pancarte « Complet ». En haut de l'escalier, Christèle B… aurait entendu les hurlements de Line Galbardi. Elle serait entrée dans la chambre à la suite de Lahkdar Messaoudène qui lui aurait aussitôt braqué un fusil à pompe sous la gorge. Florence K… aurait été accroupie dans un coin de la chambre, visiblement terrorisée.

Patrice Alègre aurait violé Line, puis l'aurait frappée à grands coups de poing au visage et l'aurait étranglée. Le veilleur de nuit serait à son tour monté dans la chambre pour nettoyer et remettre de l'ordre. Christèle B... dit avoir été contrainte de transporter le cadavre de Line dans la salle de bains avec Lahkdar Messaoudène et Gilbert Carteyrade. Patrice Alègre serait déjà reparti, redevenu d'un coup tout à fait calme.

Confrontés à cette toute nouvelle version des faits dans laquelle Christèle B... reconnaît avoir une responsabilité indirecte dans la mort de Line Galbardi, nous avons bien sûr tenté de vérifier ces affirmations. L'enquête sur le meurtre d'une jeune prostituée dans un sentier près du lac de Noé ne donne rien. Christèle B... dit n'avoir jamais su son prénom. Le lac, que nous faisons draguer par des hommes-grenouilles, ne recèle aucun cadavre... Depuis l'époque du supposé meurtre, il a été en partie remblayé lors de l'élargissement d'une autoroute.

Mais les affirmations de Florence B... recoupent les constatations faites après la découverte du cadavre en 1992. Le corps de la prostituée avait été grossièrement nettoyé et déplacé : seuls des témoins directs du crime peuvent donc raconter sa véritable mise à mort. Toute autre personne aurait eu sous les yeux une scène de crime modifiée. Nadia C... confirme avoir vu Lahkdar Messaoudène, qui était son proxénète, entrer dans l'hôtel de l'Europe entre 22 et 23 heures le 2 janvier 1992. Ce nouveau personnage, totalement absent du dossier initial de la police, apparaît donc. Il vit à l'étranger, en Algérie, et un mandat d'arrêt international est lancé contre lui. Avec le juge Lemoine, nous estimons alors être allés quasiment au bout des investigations, et j'en informe la famille de Line.

Incroyables aveux

Néanmoins, pour clore le dossier Galbardi, nous avons besoin du témoignage de Florence K... Le 9 juillet 2002, quand je l'entends avec Pascal, elle ne livre rien.

J'ai une vision globale de l'ensemble des dossiers, Pascal, lui, connaît parfaitement l'enquête sur le meurtre de Line Galbardi. C'est un samedi. Le calme règne à la Cellule. Florence K... a trois heures de retard. Pascal n'est pas du genre patient, mais en professionnel il sait que l'enjeu est grand et prend sur lui pour ne pas s'énerver, ne pas la braquer. Dès qu'elle pénètre dans les locaux exigus d'Homicide 31, son aspect physique m'alerte, comme il a frappé Pascal et Philippe avant moi. Comme celui de Christèle B... ou d'Isabelle L... La jeune femme au visage émacié, aux yeux dorés chargés d'angoisse, parfois de rage, affiche involontairement les stigmates d'une vie détruite. Elle n'a que trente ans mais son visage et son corps sont marqués. Tout en elle dit sa souffrance passée. C'est un animal apeuré, qui se protège comme il le peut. Mal. Sa maigreur est excessive. Toutes les prostituées que nous entendrons ne donneront pas d'elles la même image, loin de là. Mais une fille victime de réelles souffrances physiques dans son corps peut-elle un jour se débarrasser des séquelles de la douleur infligée ? Je ne le crois pas. Les corps de Florence K…, de Christèle B…, d'Isabelle L… ou de Nadia C… ont été exhibés, vendus, forcés, martyrisés. Ils ne peuvent nous cacher au moins l'une de leurs vérités : ces filles portent dans leur chair les stigmates des sévices qui leur ont été infligés. Si paradoxal que cela puisse paraître, Florence K…, dont nous mesurons immédiatement l'immense détresse et la grande fragilité, est aussi une forteresse. De son passé de prostituée, elle a d'ailleurs conservé d'indéniables réflexes de survie. Ainsi avouera-t-elle assez vite que l'une de ses habitudes, avec ses clients, était l'entôlage, c'est-à-dire qu'elle faisait les poches de ceux qui montaient avec elle.

Nous ne tirerons rien d'elle. Hormis une quasi-certitude, ressentie par tous les enquêteurs de la Cellule : Florence K… sait beaucoup, beaucoup de choses, mais parler de l'affaire Galbardi la terrorise. Et si nous ne parvenons pas à la rassurer, elle ne lâchera rien. Deux heures durant, elle enfouit son visage dans le col roulé de son pull-over blanc, remonté jusqu'aux yeux. Toute sa volonté, sa force, s'arc-boutent dans ses yeux : c'est un vieil instinct de survie qui lui ordonne de se taire. Surtout, ne rien dire. Sauver sa peau comme elle le fait depuis dix ans. Elle est verrouillée, cadenassée de l'intérieur. Seule aux prises avec ses démons. Et parce que je comprends, à ce moment-là, qu'elle ne livrera rien, je la laisse partir.

Le lendemain, je la revois avec André Aymerich. Nous discutons en buvant un café. Nous lui expliquons à quel point nous avons besoin d'elle, de son témoignage dans le dossier Galbardi. Elle semble sceptique quant à nos motivations. Pour elle, nous ne nous rendons pas compte des sacrifices que son témoignage implique : elle dit risquer sa vie. Ce discours, nous l'avons déjà entendu dans la bouche de Christèle B… Elle aussi nous a répété maintes et maintes fois qu'elle avait tout à perdre dans l'histoire et rien à gagner à replonger dans un passé cauchemardesque. De guerre lasse, Florence K… finit toutefois par nous assurer qu'elle parlera, à condition que nous la laissions tranquille pour son mariage. Nous savons qu'elle a trouvé là un moyen de gagner du temps, mais nous n'avons pas le choix.

Une fois mariée, bien sûr, elle joue les anguilles. Insaisissable. Cette fois, je dois réussir à la convaincre de nous confier son passé : il en va de l'intérêt de l'enquête. J'investis du temps et de l'énergie. Car elle teste sans arrêt ma disponibilité à son égard. Le jour, la nuit, le week-end, elle me téléphone. Souvent, sans rien avoir à me dire de particulier : il lui faut juste vérifier que je suis digne de confiance, cette confiance qu'elle n'a jamais pu accorder à un homme de loi. Elle n'est pas seule à se conduire ainsi : Christèle B… procède exactement de la même manière. Toutes les deux me font ainsi savoir que ce que j'attends d'elles est exorbitant. Qu'elles n'ont aucune raison objective de bouleverser leur vie pour mon enquête. Des semaines, des mois durant, chacune d'entre elles, séparément, tente l'impossible pour nous convaincre de quitter un chemin trop escarpé. Christèle B… d'abord, Florence K… ensuite, nous répètent à l'envi : « Laissez tomber. Vous ne savez pas où vous mettez les pieds. »

Florence K... excelle dans l'art de se mettre en danger et de me le faire savoir. Ainsi m'apprend-elle avoir croisé dans un karaoké, en plein Toulouse, le policier auquel Line Galbardi serait allé dénoncer Patrice Alègre. Elle m'affirme qu'il l'a menacée, lui a reproché de trop parler, et lui a conseillé d'apprendre à se taire. Florence K... se comporte, je crois, comme une enfant : la situation que nous lui imposons la met en péril. Elle se venge de cette pression. Partout où elle passe, elle crée des incidents et m'appelle ensuite pour que j'intervienne. Je suis gendarme, je suis un homme de loi, pour elle je dois pouvoir résoudre tous les problèmes. À la Croix-Rouge, elle s'en prend au bureau de la directrice qui a refusé de lui donner des couches pour ses enfants. Et me téléphone aussitôt afin que je règle le problème. Je dois user de trésors de diplomatie, d'abord pour la calmer par téléphone, ensuite pour prier la directrice de la Croix-Rouge d'excuser son comportement. Et pour la convaincre que Florence K... a réellement besoin de ces couches. Ce type de scène se reproduit partout où elle passe : aux Assedic, devant les assistantes sociales, les éducateurs, dans les écoles que fréquentent ses enfants, auprès des associations, des agences immobilières... Son comportement, au minimum, irrite ceux qui la croisent, et je les comprends. Parfois, elle semble n'avoir qu'une obsession, arriver à faire vivre ses enfants décemment. Mais elle paraît aussi considérer que tout lui est dû.

Christèle B… et Florence K… ont été des témoins capitaux dans le dossier du meurtre de Line Galbardi et elles le sont peut-être pour d'autres affaires. Si elles m'ont fait confiance, c'est parce que j'ai assumé la responsabilité de les avoir placées, du jour au lendemain, dans une position de grande fragilité. Je ne leur ai jamais menti. Elles savaient, car je le leur ai souvent répété, que je chercherai jusqu'au bout qui a tué Line Galbardi et dans quelles circonstances exactes. Je ne leur ai jamais caché non plus que si leur rôle respectif m'apparaissait un jour comme pénalement répréhensible, elles me trouveraient contre elles, sans aucune hésitation de ma part. Mais qu'en attendant elles pouvaient compter sur moi et sur mes hommes. Car leur statut d'anciennes prostituées ne devait pas masquer leur droit à l'écoute et à l'aide de la gendarmerie comme de la justice. Certains l'ont d'ailleurs bien compris : une association nous a procuré une aide alimentaire pour Florence K… et ses enfants, sans poser de questions. Après avoir mis ce témoin et sa famille en situation de précarité, il était de notre devoir de l'aider à faire face au mieux.

Mais il y a ses silences, les questions sans réponse, les descriptions incomplètes. Des morceaux de puzzle manquants. Ainsi affirme-t-elle que, dans les années 90, des policiers seraient montés régulièrement et gratuitement avec des prostituées ; qu'ils auraient ramassé des enveloppes d'argent liquide auprès de nombreuses filles. Mais elle ajoute qu'ils ne se seraient pas contentés de cela. Puis elle se tait. Ce sera à nous de trouver.

Un jour du mois de mars 2003, au moment où je ressors de son appartement, un policier en tenue surgit de nulle part sur un scooter. Était-ce réellement un policier ? Était-il embusqué derrière ce camping-car sur le bas-côté ? Encore aujourd'hui, je l'ignore. Et pourtant, je connais les lieux par cœur. Sur le moment, je réfléchis à peine : pas le temps, il faut agir. L'homme s'enfuit dans un rugissement de moteur. Je saute dans la Clio banalisée, démarre en trombe et appuie à fond sur l'accélérateur. Je veux savoir : si c'est un policier, que fait-il devant l'immeuble de Florence K… ? Je ne l'ai pas vu à mon arrivée. Était-il déjà en planque ou est-il arrivé ensuite ? Est-ce un hasard ? Mais alors pourquoi a-t-il démarré en trombe en me voyant sortir ? Je le prends en chasse. Il roule beaucoup plus vite que moi et un dos-d'âne me fait perdre définitivement sa trace. Je m'arrête pour appeler le substitut Heinisch. Nous avions, ensemble, commencé à installer un système de protection autour de Florence K… Mais cet épisode est le signe qu'elle doit déménager, très vite. En attendant, des patrouilles de gendarmerie tourneront sans arrêt autour de son domicile.

Avant son déménagement, je veux pourtant encore tenter de la faire parler. Quelques jours après cette alerte, son domicile n'étant plus un lieu sûr, je l'emmène en voiture sur un parking pas très loin de chez elle. Christèle B… a depuis longtemps mis en cause des policiers mais elle a aussi évoqué d'autres personnalités. J'attaque : il faut que Florence K… me dise tout ce qu'elle sait. Sa réponse fuse : elle ne me parlera jamais du Capitole, dit-elle. À ce moment-là, elle pense que nous ne savons rien. Moi, j'ai en tête les accusations de Christèle B… Bien sûr je ne lui en parle pas afin de ne pas l'influencer. Mais par allusions, et parce qu'elle sait que je ne lui mens jamais, je lui fais comprendre que je sais d'autres choses, par d'autres voies, et qu'elle n'est donc pas seule à porter ce fardeau sur ses épaules.

Lorsqu'elle évoque le Capitole, c'est-à-dire la mairie de Toulouse, je ne la relance pas, sciemment. Le propos est trop grave. Je ne peux le recueillir seul. Mais il faut qu'elle se sente en confiance, prise au sérieux, pour pouvoir se livrer. De ma voiture, je contacte plusieurs magistrats. À l'un d'entre eux, j'explique brièvement la situation : Florence K… est avec moi, elle est prête à parler, mais elle a peur. Il m'accorde un rendez-vous sur-le-champ. Nous filons donc au palais de justice. Dans les yeux de Florence K… je lis l'incrédulité : la rapidité avec laquelle la justice semble prête à recueillir son témoignage l'épate. Le magistrat nous reçoit dans son bureau. Il se présente. Florence K… aussi, mais à sa façon : la dernière fois qu'elle a vu un procureur, lui dit-elle, il l'a « enculée »… L'air se raréfie d'un coup. Le magistrat me jette un rapide coup d'œil, nous avons la même pensée : elle reproche vraisemblablement à la justice de lui avoir retiré ses enfants dans un passé pas si lointain. Mais le magistrat, quoique visiblement choqué par le vocabulaire de la jeune femme, tient à décrypter. Il reprend fermement : que veut-elle dire ? Elle nous regarde une fraction de seconde, soupire et nous le dit avec réticence : elle prétend s'être fait sodomiser dans l'enceinte même du tribunal. Le magistrat et moi sommes dans le même état : stupéfaits et sans voix. Nous comprenons mieux pourquoi elle ne voulait pas parler.

Le magistrat se lève alors pour fermer la porte de son bureau à clef. Banal et légitime souci de discrétion qui a un effet catastrophique sur Florence K... J'intercepte son regard : elle ne perd aucun geste du magistrat. Dans ses prunelles je lis la terreur, brutale et folle, doublée d'une certitude : le piège s'est refermé sur elle, elle est prisonnière, ça va recommencer avec comme bourreaux le magistrat et l'enquêteur. La peur suinte de tous les pores de sa peau et le magistrat lui-même s'en aperçoit dès qu'il se rassoit face à elle. Il n'a fait sa connaissance que quelques minutes plus tôt mais la terreur de Florence K... est palpable. Cette scène muette nous impressionnera peut-être davantage que les paroles du témoin. Pour ce magistrat comme pour moi, c'est là un moment clé. Et c'est en partie à cause de cet épisode qu'il pensera que, au moins à cet instant, elle dit vrai. Il a été, comme moi, le témoin privilégié d'une éclaircie brutale qui a déchiré un ciel opaque et permis à la vérité longtemps cachée de se révéler en pleine lumière. Il sait que la terreur lue dans les yeux de Florence K... ne peut pas être un masque. Il tente, maladroitement et gentiment, de la rassurer : il a fermé la porte parce que, étant donné ce qu'elle a dit, il ne veut surtout pas que l'on soit dérangés, que quelqu'un entre, c'est tout. Mais Florence K... n'est pas calmée pour autant. J'y vais moi aussi de mon discours réconfortant. Elle finit par retrouver la voix et confirme : oui, elle se faisait récupérer par des policiers et « livrer » au palais de justice, comme du bétail, à plusieurs magistrats qui la sodomisaient.

Elle ne donne aucun nom. Et à ce moment-là, ni moi ni le magistrat ne les lui demandons. D'abord parce que nous sommes tous les deux sonnés par ce que nous venons d'entendre. Ensuite parce que nous sommes confrontés à un problème juridique : tout ce que vient de nous dire Florence K... n'est qu'une « discussion ». À des accusations aussi graves, il faut un cadre juridique. De plus, nous manquons de temps : les enfants de Florence K... vont bientôt se retrouver seuls à son domicile, elle doit partir. Je la raccompagne. Il règne un silence de mort dans la voiture. Je me garde bien de le rompre. Florence K... est perdue dans ses pensées. Avant d'arriver chez elle, elle ouvre la bouche : « J'ai le ouaïe. » Son expression préférée pour décrire le grand malaise et le cafard monstre qui s'engouffrent en elle. Je ne réponds pas. Elle continue : cinq minutes de plus, elle lui balançait tout...

Le lendemain, le magistrat me prend à part. Suite à une réunion au parquet, il a reçu comme consigne de faire recueillir sur procès-verbal les déclarations de Florence K... et que celle-ci nomme les personnes qui sont en cause. Je me procure donc l'annuaire des magistrats du palais de justice. Je masque les fonctions qui apparaissent à côté des noms ainsi que les numéros de téléphone et je retourne la voir, ces feuillets sous le bras. Nous sommes tous les deux, seuls, chez elle. Ses enfants sont absents, son mari travaille. Je pose mon dictaphone sur la table. Elle prend la liste. La regarde. Elle ne dit rien. Impossible pour elle de verbaliser. Aucun mot ne sort de sa bouche. Puis elle prend un stylo et commence à cocher des noms sur la liste, très rapidement. Pour d'autres noms, elle hésite longuement avant de mettre une croix. Elle semble souffrir, elle peine même à manier le stylo. Sa main tremble. Je lui demande pourquoi. Elle me répond du tac au tac : ceux-là sont ceux qui lui ont fait le plus de mal.

Au dos de la feuille qu'elle a cochée, j'inscris les qualificatifs qu'elle emploie pour me décrire physiquement ces magistrats. Puis je change d'avis et lui donne le stylo. Charge à elle de leur attribuer les particularités physiques dont elle se souvient : la taille, la corpulence, la chevelure, tout détail pouvant permettre une identification précise. J'ai déjà remarqué que, lorsqu'elle est nerveuse, elle dessine sur des bouts de papier. Je lui propose donc de croquer le portrait de ceux dont elle n'arrive pas à parler. C'est ce qu'elle fait pour l'un d'entre eux qu'elle désigne par le surnom de « Marcus » : un visage rond, un crâne presque chauve, des sourcils épais, des lèvres pleines. En haut à droite du portrait, elle écrit : « Personne meyllan [*sic*] fait beaucoup de mal avec Patrice. » Et puis elle craque, et me demande de changer de sujet. Quand je la laisse, le soir, Florence K... me semble bouleversée. Est-ce parce que son passé lui a cette fois littéralement sauté à la figure ? Ou bien a-t-elle le sentiment d'en avoir trop dit ?

Quelques semaines plus tard, sur demande du parquet, nous avons établi cinq albums de près de huit cents photos, des portraits, des photos de groupe ou en pied. Aucun nom et aucune annotation ne figure sur cet album représentant plusieurs années d'audiences solennelles de rentrée du tribunal de grande instance de Toulouse. André et moi portons ces albums à Florence K..., qui a déménagé, afin qu'elle identifie les personnages qu'elle dit connaître. Mais elle a peur et refuse même de jeter un coup d'œil aux albums. Je ne me rends pas compte de ce qu'elle risque, estime-t-elle. Finalement elle accepte d'en ouvrir un, regarde quelques photos. Sur son visage se lisent le dégoût et la rage. Mais elle referme le premier album d'un coup sec et refuse de cocher les photos de ceux qu'elle semble avoir identifiés. Elle répète qu'elle refuse d'être seule « à porter tout ça ». Je lui affirme que d'autres témoins ont déjà reconnu un certain nombre de faits. Mais elle refuse de me croire. Pour cette raison, je décide de la mettre en contact avec Christèle B..., sur le téléphone de la gendarmerie.

Christèle B... et Florence K... se sont déjà revues le 12 décembre 2002, lors d'une confrontation avec Nadia C... et Isabelle L... dans le bureau du juge Lemoine. Au téléphone, Christèle B... affirme à Florence K... qu'elle a déjà livré une grande part de ce qu'elle a vécu, à la fois à la cellule Homicide 31 et au juge d'instruction. Mais Florence K... ne la croit pas. Après avoir discuté quelques minutes avec Christèle B..., elle déclare qu'elle ne fera ce que nous lui demandons que lorsque son ancienne camarade lui aura affirmé, les yeux dans les yeux, qu'elle est vraiment prête à « tout balancer ». Nous organisons donc une rencontre entre Florence K… et Christèle B… le 10 avril 2003, au domicile de cette dernière, et ce n'est qu'au retour que Florence K… acceptera, cette fois, d'ouvrir l'album et de cocher les photos des magistrats qu'elle dit « connaître », et qu'elle désignera Marc Bourragué, ancien substitut du procureur de Toulouse devenu depuis procureur adjoint de Montauban, comme étant « Marcus ». À la vue de sa photo, elle se met à trembler et referme l'album. Le lendemain, l'ancienne compagne de Patrice Alègre m'appelle pour me dire qu'elle aussi a déjà rencontré Marc Bourragué avec Patrice Alègre, mais qu'elle ne se souvient plus ni où ni quand.

À la même époque, Florence K… me raconte un épisode qui se serait déroulé, selon elle, à l'hôtel Wilson, place du Capitole : trois hommes « influents » l'auraient torturée et violée pendant plusieurs heures avant de l'abandonner sur place, blessée. Elle serait parvenue à quitter l'hôtel seule pour chercher de l'aide auprès d'une connaissance qui travaillait dans un hôpital toulousain et qui l'aurait déjà secourue plusieurs fois lorsque, mineure, elle était blessée ou qu'il lui fallait avorter. Fin juillet 2003, Florence K… m'expliquera, ainsi qu'au juge Bergougnan, qu'elle a menti en ce qui concerne des magistrats. Qu'elle a inventé une scène les compromettant parce que des policiers l'auraient menacée et lui auraient conseillé extrêmement fermement, en la frappant, de « balancer » des noms de personnalités importantes, pour brouiller les pistes. Elle me racontera aussi avoir vu un homme près d'un supermarché de Gramont alors qu'elle circulait en voiture un soir très tard en compagnie de sa mère sur la route de Verfeil ; elle se serait arrêtée et l'aurait agressé tout au moins verbalement. Il l'aurait alors frappée, lui cassant trois dents. J'ignore si elle dit vrai, mais j'ai peine à croire en tout cas à une rencontre fortuite.

Christèle B…, comme Florence K…, dit avoir vu des mineures lors de « soirées ». Je demande donc à mes collègues de Rosny-sous-Bois de m'adresser un CD-Rom avec les photographies de tous les mineurs recherchés. J'ai prévu d'y insérer les clichés d'autres enfants, les miens par exemple, afin de constituer une base de données « piégée », puis de la soumettre aux deux femmes. Je n'aurai hélas pas eu le temps de le faire. Florence K… a évoqué par ailleurs une mallette enterrée à Biarritz contenant deux armes de poing, des cassettes et des photos sur lesquelles apparaîtraient plusieurs mineures, dont la petite Marion Wagon, disparue à Agen en novembre 1996. Vrai ? Faux ? Il m'importe de toute façon de vérifier d'urgence. J'appelle immédiatement le lieutenant-colonel Henry, qui a remplacé le lieutenant-colonel Sevilla, pour l'en informer, et il met aussitôt à ma disposition deux véhicules banalisés. Nous partons immédiatement pour le Pays basque. Nous passons la nuit et la journée du lendemain à creuser sans succès à la lisière d'un bois avec l'aide de la brigade locale. Vu son comportement à Biarritz, si Florence K… a menti au sujet de cette mallette, elle a de vrais dons de comédienne. Et si jamais elle a osé inventer la présence de Marion sur les photos, bien plus que toutes les accusations qu'elle a lancées ensuite contre moi, je ne le lui pardonnerai pas. Je pense aux parents de Marion, comme à toutes les familles d'enfants disparus qui gardent l'espoir de les retrouver un jour ou, au moins, de savoir ce qu'ils sont devenus. Florence K… peut aussi avoir « exagéré » une réalité, comme Christèle B…, dans le but d'être crue. Peut-être a-t-elle effectivement participé à des soirées au cours desquelles elle a vu, ou cru voir, des mineures. Et pas forcément Marion. Mais en mon âme et conscience, je ne peux pas dire aujourd'hui si elle a menti. Florence K… a tenu le même discours à plusieurs personnes, aux enquêteurs, à son avocat, mais aussi à son mari.

Christèle B… est un personnage excessif. De ses longues années de trottoir toulousain, elle traîne de lourds souvenirs. Devant les enquêteurs, la justice et la presse, elle a affirmé avoir fait le tapin avant de « prendre du galon », de devenir « recruteuse », « surveillante » et avoir mis elle-même des filles, dont Nadia C…, dans la rue. Ce passé douteux et encombrant peut l'entraîner à mentir à la justice pour se protéger. Elle est aussi théâtrale, et quelquefois manipulatrice. Elle éclate parfois en larmes lorsqu'elle est poussée dans ses retranchements : est-ce parce que ses sentiments la débordent ? Ou bien pour retarder les questions suivantes ? Je l'ignore. Sa première avocate l'a poussée à se médiatiser. Christèle B…, au fur et à mesure des semaines, portait des accusations de plus en plus graves contre des notables, dont Dominique Baudis, mais elle voyait aussi des « taupes » et des menteurs partout, à la Cellule, parmi les magistrats. Elle semblait baigner dans une paranoïa grandissante. Seule son avocate parvenait à lui inspirer une confiance totale. Tout au plus est-il aujourd'hui avéré qu'elle a manipulé « Djamel », qui lui aussi parlait de la petite Marion. Jeté dans les jambes des journalistes et de la justice, « Djamel » aurait été la marionnette, Christèle B... la marionnettiste. À moins que d'autres n'aient également tiré des fils.

Christèle B..., malgré tout, reste un témoin qui a parfois prouvé son courage dans des situations éprouvantes, par exemple face à Gilbert Carteyrade, le veilleur de nuit de l'hôtel de l'Europe, ou face à Patrice Alègre. Aujourd'hui reste la certitude que nous n'avons pu faire la lumière dans la sérénité sur tout le passé de Christèle B... et de Florence K..., témoins capitaux dans un dossier de meurtre. Au départ, Florence K... n'avait rien à gagner à nous parler, elle avait plutôt tout à perdre. Cela m'incline à penser que, malgré tous ses revirements, il existe une part de vérité dans son témoignage. À moins qu'elle ne soit psychologiquement troublée, mais ce type de diagnostic ne dépend pas de moi.

8.
Déstabilisation d'un directeur d'enquêtes

« Nul ne possède d'autre droit que celui de toujours faire son devoir. »
Auguste Comte,
Système de politique positive.

De l'arrestation de Patrice Alègre en septembre 1997 au déchaînement médiatique du printemps 2003, mes hommes et moi avons réussi à travailler à peu près normalement. « À peu près », c'est-à-dire en dépit du manque de moyens attribués à la cellule Homicide 31 et des menaces récurrentes pesant sur son existence.

Affabulations ?

Le 1er avril 2003, *La Dépêche du Midi* publie des extraits du procès-verbal de l'audition de Christèle B… le 11 février précédent. Elle y raconte en détail sa version de la mise à mort de Line Galbardi par Patrice Alègre et Lakhdar Messaoudène, à laquelle Florence K…, Nadia C… et elle auraient assisté. Nadia C… n'a pas la même version : elle déclare certes avoir vu

Lakhdar Messaoudène entrer dans l'hôtel de l'Europe entre 22 heures et 23 heures le 2 janvier 1992, mais ne se souvient pas si elle y est allée elle aussi. Surtout, Nadia C… tient le même discours en privé. Florence K…, quant à elle, confirme la version de Christèle B… avant, en octobre, de dédouaner partiellement Lakhdar Messaoudène devant le juge Lemoine.

Quoi qu'il en soit, une autre partie des propos de Christèle B… en février nous intéresse : à l'époque du meurtre, selon elle, des policiers auraient reçu directement des filles des enveloppes d'argent. Ce que confirment d'autres témoins, notamment Nadia C… Beaucoup plus grave : d'après elle, ces policiers auraient eu connaissance de l'identité des meurtriers de Line Galbardi qu'ils auraient couverts en « conseillant » aux témoins de quitter la région et de se taire.

À la suite de la publication dans la presse de ces extraits de procès-verbaux, nous sommes dans la ligne de mire de notre hiérarchie : pour elle, notre enquête devient excessivement « délicate ». La pression monte. Les médias s'emballent.

Florence K… a porté une accusation gravissime contre plusieurs notables toulousains, dont, on le sait, l'ancien maire Dominique Baudis (qui a démenti, preuves à l'appui). Selon la première version de Florence K…, il aurait été l'un des bénéficiaires directs du meurtre de Claude Martinez, qui filmait les ébats lors de soirées sadomasochistes et qui aurait voulu le faire chanter. Comme d'habitude, j'ai remis le procès-verbal de cette audition au juge d'instruction Serge Lemoine. Mais cette fois, je reçois l'ordre de le récupérer afin d'éviter toute « entrave à l'enquête » et éventuellement un risque de dépaysement de l'affaire vers une autre juridiction.

Je contacte le juge Lemoine qui me répond très calmement ne pas prévoir de verser cette pièce au dossier dans l'immédiat. Il doit d'abord faire effectuer le travail de mise en forme habituel, puis il réfléchira à l'initiative de ma hiérarchie. Quelque temps plus tard, il me confie un message à faire passer à celui qui m'a donné cet ordre. Le ton est courtois et définitif : le procès-verbal est annexé à la procédure, et il est hors de question qu'il ressorte du circuit judiciaire.

Dans cette situation, inédite pour moi, j'ai la conviction d'avoir réfléchi et agi en toute honnêteté. Je n'ai pas d'avis quant au contenu des procès-verbaux d'audition de Christèle B… ou de Florence K…, et je n'ai pas à en avoir. Je ne suis qu'un gendarme qui recueille des propos dans le cadre d'une enquête concernant des meurtres. Lors d'auditions, je reçois des déclarations gravissimes. Tout ce que je m'autorise alors à en penser, c'est qu'elles ne semblent révéler aucun signe évident de démence de la part des témoins, ni quoi que ce soit qui pourrait faire douter de leur santé mentale. J'ai bien conscience, en revanche, que ces déclarations peuvent être émaillées de mensonges, comme c'est le cas lors de toute audition. Mais faire la part de la vérité et du mensonge appartient à la justice. Mon rôle n'est que de recueillir des informations qui doivent ensuite donner lieu à des vérifications sur ordre de la justice. D'ailleurs, des vérifications, notamment celles concernant les accusations portées contre les policiers, tendent à les innocenter.

J'ai retranscrit telle quelle la parole des témoins. C'est cela, « acter » : faire un acte de procédure. Tel était mon travail. Ce pourquoi j'ai été formé et ce pourquoi j'étais payé. « La parole s'envole, les écrits restent » : jusqu'à cette enquête, ce sage dicton m'avait toujours semblé au fondement des enseignements de ma hiérarchie. Or voilà que d'aucuns semblaient avoir modifié leur lecture de mes devoirs. Contrairement aux affirmations de certains, je n'étais pas seul pour recueillir les déclarations les plus sensibles. Ainsi étais-je en compagnie de Gilles Wispelaere et d'André Aymerich lorsque Christèle B... a accusé Patrice Alègre de l'avoir torturée et violée en présence de Dominique Baudis, audition au terme de laquelle elle a porté plainte. Mais pour mettre en cause un enquêteur, il vaut mieux affirmer qu'il travaillait seul et non sous le contrôle de sa hiérarchie ou de magistrats...

Nouvelle procédure

Le 18 avril 2003, mes supérieurs m'informent que j'ai besoin d'aide et que l'on va m'adjoindre un directeur d'enquêtes, qui sera sous ma responsabilité. Un second, en quelque sorte, en la personne de l'adjudant-chef Mouret. C'est un enquêteur du groupe « braquages » qui fait partie des murs de la Section de recherche de

Toulouse. Il semble s'être forgé une doctrine : éviter d'exposer son unité. Dès le départ, il a d'ailleurs été réfractaire à la création de la Cellule.

Le vendredi 18 avril 2003, alors que je m'apprête à partir en congés, le lieutenant-colonel Henry m'informe donc qu'un second groupe d'enquêteurs va être créé et que certains membres de la cellule Homicide 31 vont le rejoindre. Personne ne m'a tenu au courant : je demande si d'autres enquêteurs de la Cellule sont informés. Il m'affirme que non. Je contacte alors André Aymerich qui réagit avec colère. Je rappelle donc le lieutenant-colonel Henry, qui doit lui aussi partir en congés le soir même, pour lui expliquer combien cette décision me semble précipitée. Mes hommes ne vont pas forcément bien la prendre, il faudrait la différer d'une semaine et organiser une réunion d'explications à la Cellule. Il me donne son accord par téléphone, et je rassure donc mes collaborateurs. J'ai sans doute tort : quelques heures plus tard j'apprends que la décision est effective. Une réunion aura lieu en mon absence, et dorénavant il est moins urgent de remettre rapidement les procès-verbaux d'audition aux magistrats. Je refuse tranquillement puisque je dépends des magistrats instructeurs. Suite à ces changements, ma semaine « de repos » s'en ressent évidemment. Mais je décide de ne pas tenter d'interférer sur le cours des choses, et de ne pas trop chercher à avoir de retour sur ce qui se passe réellement.

À mon retour de vacances, le 28 avril, les procès-verbaux d'une nouvelle procédure ouverte le 15 avril pour

« viols ; viols en réunion ; viols sous la menace d'une arme ; viols en réunion sous la menace d'une arme ; viols par personne abusant de l'autorité que lui confèrent ses fonctions ; viols en réunion par personnes abusant de l'autorité que leur confèrent leurs fonctions ; viols précédés, accompagnés ou suivis d'actes de torture ou de barbarie ; viols sur mineurs de quinze ans ; viols en réunion sur mineurs de quinze ans ; viols en réunion par personnes abusant de l'autorité que leur confèrent leurs fonctions et complicité des mêmes délits ; proxénétisme en bande organisée » ont quitté la Cellule et je ne les verrai plus jamais. Je pressens déjà que ce n'est pas Homicide 31 qui enquêtera sur ce volet sensible, ce dont j'ai confirmation lorsque le substitut Heinisch me téléphone, étonné que l'adjudant-chef Mouret soit sans moi chez le juge Perriquet en charge de cette procédure. L'après-midi même, Patrick Mouret vient me voir. Il me salue froidement et entre directement dans le vif du sujet : il n'a pas demandé à avoir ces nouvelles responsabilités, m'assure-t-il, et n'a pas eu le choix. Il a été contacté sur son lieu de vacances, on lui a demandé de prendre en main la nouvelle procédure. Pendant ma permission il a rencontré les juges Bergougan, Lemoine et Perriquet, en compagnie du capitaine. Puis il m'expose son analyse du dossier après une semaine de travail. Selon lui, les prostituées mentent en grande partie, surtout Florence K… Selon lui, je n'avais aucun droit d'acter certaines déclarations. Il ne souhaite pas enquêter sur Dominique Baudis et certains faits lui semblent prescrits. Il maintient que je n'avais même pas le droit d'enquêter en dehors des meurtres, alors que depuis 1999 j'avais pour mission de rechercher toute personne susceptible d'avoir été victime des agissements de Patrice Alègre. Il pense qu'il faut couper le cordon ombilical entre les filles et moi, leur mettre la pression sur tous les points litigieux, ceux qui ne collent qu'à moitié et ceux qui ne collent pas du tout. De plus, il suggère que je n'enquête pas sur la période postérieure à l'arrestation d'Alègre. En gros, je dois maintenant rester à l'écart de l'enquête, et des magistrats. Je comprends tout à coup pourquoi je n'ai pas été informé de sa visite au juge Perriquet. Je dois continuer sur les meurtres, et exclusivement sur les meurtres.

Une partie de cet échange se déroule devant l'un de mes enquêteurs. Il assiste également à ma réponse. Pour moi, Patrick Mouret se trompe quant à mes motivations et sur ma saisine ; mes instructions originelles ne concernent pas uniquement les faits de meurtres, mais la recherche de victimes des agissements de Patrice Alègre. Il est de mon devoir d'officier de police judiciaire de chercher auprès d'autres témoins des confirmations ou des infirmations concernant les accusations de Christèle B..., de Florence K... et des autres filles. À mon sens, personne ici ne doit bénéficier d'immunité car les seules immunités prévues par le Code pénal sont parlementaires ou diplomatiques. Il faut que l'enquête soit traitée en totalité par les membres de la Section de recherche, sans que soit impliqué mon personnel, ou en tout cas le moins possible : nous manquons déjà cruellement d'effectifs. Alors il ne faut pas casser ce que nous avons construit ! Et ne pas pratiquer la politique de la terre brûlée avec des témoins que nous avons eu beaucoup de mal à mettre en confiance ! Le dialogue s'arrête là. Les certitudes de Patrick Mouret, après une semaine seulement d'investissement dans le dossier, m'interrogent. Quant à sa décision d'occulter un pan de l'enquête, elle me perturbe. Et je ne serai pas le seul : le juge Bergougnan sera également dans ce cas et le lui fera savoir.

À partir de la création d'une deuxième équipe d'enquêteurs, le 24 avril 2003, je comprends que la cellule Homicide 31 ne s'occupe pas du deuxième volet de la procédure. Pourtant je continue à avancer dans les dossiers dont nous sommes en charge. Histoire, d'abord, de prouver à ma hiérarchie, mais aussi à mes propres enquêteurs, que la cellule Homicide 31 n'est pas morte. Nous entendons d'autres témoins appartenant au milieu de la nuit. Parmi eux, le patron de plusieurs établissements « libertins ». Selon d'autres témoins, il aurait été protégé pendant de très nombreuses années par des policiers, moyennant un racket financier qui, dans les années 90, aurait alimenté la police toulousaine jusqu'à de hauts responsables. Il reste que les vérifications menées ont infirmé ces graves accusations.

Dans le milieu de la nuit toulousaine, ce type de « protection » aurait pourtant été, selon ces témoins, un secret de polichinelle. Pour préserver l'honneur et les apparences, les enveloppes d'argent liquide remises par un grand nombre de patrons de boîte de nuit auraient alimenté les caisses des orphelins de la police.

Les « tarifs » pratiqués seraient allés de neuf cents à onze mille francs par enveloppe… Et les remises d'enveloppes auraient été très régulières. Ces témoins viennent nous parler uniquement parce qu'ils jugent nécessaire de nous informer, de nous donner une possibilité de recouper des informations. Comme pour tous les autres témoins, nous les écoutons, puis nous tentons de les persuader de l'importance de coucher par écrit leurs déclarations, refusant de le faire à leur insu. Mais ils sont mus par une force bien plus grande que la nôtre : la peur. Même si nous regrettons leur refus, nous respectons nos engagements.

Un de ces témoins aurait en sa possession des photos et des secrets plus ou moins compromettants pour les uns et les autres, ce qui lui assurerait une solide « protection ». C'est un homme rusé et, avant de contacter la cellule Homicide 31, il s'est adressé, en guise de seconde « assurance-vie », à des journalistes auxquels il a parlé de photos qu'il détiendrait « depuis des années ». Il ne nous a livré que des clichés mettant en lumière le comportement sexuel, pour le moins particulier, d'individus qui ne sont pas cités dans la procédure. A-t-il voulu ainsi faire passer un message à d'autres personnages concernés, de près ou de loin, par l'enquête ? Détient-il d'autres photos plus compromettantes ? Il assure que oui, mais lui seul le sait et rien ne me permet d'en juger.

Nous avons perquisitionné chez des pervers détenteurs de films de soirées très spéciales. Nous avons également continué à entendre Patrice Alègre dans le cadre de gardes à vue, notamment sur le contenu d'une cache découverte dans son dernier véhicule.

Oui, j'étais démuni. Oui, j'étais enchaîné. Mais il nous fallait continuer, tant bien que mal, à faire notre travail, à rechercher la vérité. Et à le faire savoir.

Le lynchage

Le 19 mai 2003, je suis convoqué à une réunion de concertation avec les enquêteurs qui travaillent sur le volet des « viols, viols aggravés, proxénétisme en bande organisée et actes de torture et de barbarie ». C'est dans ce dossier que les prostituées mettent en cause le substitut Bourragué, le procureur général Volff et d'autres magistrats ainsi que l'ancien maire de Toulouse et actuel président du Conseil supérieur de l'audiovisuel Dominique Baudis (tous se défendent de ses accusations et bénéficient de la présomption d'innocence). La réunion en elle-même est une habitude hebdomadaire : il s'agit de faire le point, ensemble, sur nos enquêtes. Je me rends donc à la Section de recherche, située à la caserne Saint-Michel, en toute tranquillité. Mais dès mon entrée dans la salle de réunion, je respire un air chargé de poudre. Un coup d'œil circulaire autour de la table m'avertit que le ton sera à la gravité. Les officiers sont présents : tous m'attendent visiblement. Patrick Mouret, directeur de la seconde enquête, est là aussi, avec ses hommes.

La réunion va durer deux heures… Deux heures d'éreintement du directeur d'enquêtes Michel Roussel.

Tout a été prévu. En préambule, le capitaine Brunt me demande de révéler les informations en ma possession permettant d'identifier l'enfant que Florence K... affirme, à cette époque, avoir eu de Marc Bourragué, dont elle était, assure-t-elle, la « compagne » attitrée. Le capitaine connaît l'existence de cet enfant, et le procureur lui a demandé des informations concernant son identité. Florence K..., c'est vrai, m'en a parlé. Elle me faisait confiance, mais avant de me confier ce lourd secret, elle m'a fait jurer de ne jamais mettre son fils en danger et de ne jamais révéler ce qu'elle allait me dire à son sujet. Je lui ai répondu ce qu'un enquêteur peut répondre : grâce à l'ADN, la justice peut prouver qui est le père de l'enfant. Beaucoup plus tard, la méthode de l'analyse ADN démontrera que le père de l'enfant n'est pas Marc Bourragué. Elle avait peut-être elle-même des doutes. Peut-être est-ce effectivement pour cela qu'elle a réagi avec force à ma proposition : « Michel, tu me donnes ta parole de jamais faire ça, jamais j'utiliserai mon gamin pour que la justice me croie ! » Il s'agissait d'un enfant : j'ai promis. Je n'ai qu'une parole, je refuse donc d'en dire plus à ma hiérarchie et à mes collègues.

Le ton monte illico. Un collègue me jette qu'il ne me serrera plus jamais la main : je suis indigne de servir à la Section de recherche. Il m'est reproché d'acter n'importe quoi : je dois penser à l'image de marque de la Section de recherche et de mes collègues avant d'accuser des policiers. Je reste de marbre. Je refuse de me mettre à leur niveau. Je me garde bien de les agresser à mon tour.

Au contraire, je prends la parole pour les remercier de leurs mots gentils… À celui qui ne me serrera plus la main, j'indique que j'y survivrai. Puis je réponds par un rappel à la loi : un officier de police judiciaire ne tronque pas une audition. Quand il la reçoit, il n'est pas censé pouvoir démêler ce qui est vrai de ce qui est faux. Et même s'il se doute que c'est faux, il se doit de l'inscrire, sinon il empêche le magistrat instructeur d'avoir une vision globale d'un témoin éventuellement menteur ou manipulateur. Je fais mon devoir, pas de la représentation pour la Section de recherche ou la maison gendarmerie. Personne ne me tient. J'entends grommeler un : « C'est bien dommage ! »

Et les critiques fusent à nouveau, de tous côtés. Certains restent muets. À chaque nouvelle salve, je pivote sur mon siège, pour faire face, les yeux dans les yeux, à celui qui s'exprime. Et je leur réponds, à tous, point par point, tout simplement avec des arguments juridiques auxquels ils ne trouvent rien à redire. Finalement, ils finissent par se taire. Je sais bien ce qu'ils pensent : Michel Roussel, l'Ariégeois, dur comme le caillou ! Je suis, c'est vrai, content de moi : je n'ai pas failli, je ne leur ai laissé aucune prise.

Et même si parfois mon cœur s'est emballé, eux, j'en suis sûr, n'en ont rien vu. C'était ma revanche. En deux heures de réunion, le lieutenant-colonel est intervenu deux ou trois fois, pour me « soutenir » sur des détails. Mais à aucun moment il n'a pris la parole pour rappeler aux enquêteurs que ce type de réunion n'est pas destiné à régler des comptes. J'apprendrai plus tard que mes camarades de la Cellule, Jean-Jacques Quoniou et Philippe Dassibat, se sont présentés à la Section de recherche pour assister à la réunion, comme d'habitude, mais qu'ils ont été refoulés. Aucun membre de la cellule Homicide 31, aucun de mes soldats ne devait être présent à mes côtés. Seul Christophe Moireau, qui était avec moi le matin au palais de justice, m'a rejoint en cours de réunion. Il a pénétré dans une salle où régnait une ambiance lourde, et plusieurs collègues, d'un regard, lui ont fait comprendre que ce n'était pas sa place. Mais personne ne l'a prié de sortir. Il est donc resté, conscient, dès son entrée dans la pièce, que quelque chose d'étonnant se déroulait. Pétrifié par la dureté des propos tenus, il a obéi à mes regards lui intimant l'ordre de ne pas broncher. Mais il en est ressorti très choqué. Peu avant la fin de la réunion, Patrick Mouret me met en garde : il pourrait informer le juge d'instruction que je refuse de coopérer. Devant mes encouragements ironiques, il fait machine arrière, refusant, dit-il, d'acter sur un officier de police judiciaire de la Section de recherche. Pour moi, peu importe, puisque j'ai déjà expliqué ma position au procureur de la République.

La réunion est terminée. En sortant de la caserne, un collègue m'indique qu'il n'y a pas dit tout ce qu'il pensait, que les auditions que j'ai recueillies sont de mauvaise qualité, mal présentées, sans chapitres. C'est vrai, j'ai recueilli et acté des témoignages désordonnés, sans en modifier, à dessein, ni la forme ni le fonds : sur ce point aussi, l'ensemble des magistrats concernés était en accord avec mes méthodes en vertu d'un point « de droit », et non « de vue ». À ce moment-là, j'ai gardé la tête haute même si j'ai reçu un uppercut. Et si le parquet doutait de mes méthodes de travail ? À peine monté dans ma voiture, j'ai donc appelé le substitut Heinisch. Je lui ai expliqué ce qui venait de se passer : une mise en cause par des collègues dans ma fonction d'officier de police judiciaire. Ma hiérarchie ne m'a pas défendu. Je dépends statutairement du parquet et je suis prêt à lui remettre ma démission de directeur d'enquêtes, voire même ma carte d'officier de police judiciaire, s'il partage leur analyse. J'ai besoin de savoir. Je parle calmement au substitut, je lui exprime mes doutes : peut-être le parquet estime-t-il, lui aussi, que je suis à côté de la plaque ? Auquel cas je dois en tirer des conclusions. Le substitut semble sidéré. Il me rassure puis m'affirme qu'il ne partage pas cette analyse. Il me dira quelques jours plus tard en avoir informé le procureur de la République, qui partageait entièrement son avis.

Le lendemain matin, je reçois coup sur coup un appel du lieutenant-colonel et du capitaine. Tous deux me tiennent, en substance, le même discours : je suis un enquêteur exceptionnel, l'ambiance de la réunion de la veille a été inadmissible, un des participants a d'ailleurs subi un sermon magistral de la part du lieutenant-colonel. De plus les magistrats commencent à se plaindre du travail du second groupe d'enquêteurs. Enfin, les critiques ayant été publiques, les réparations, m'assurent-ils, le seront également à l'occasion de la prochaine réunion. J'attends toujours… À la Section de recherche, je n'ai plus jamais tendu la main le premier à qui que ce soit afin de ne pas risquer de gêner mon vis-à-vis.

« *Une pute, c'est une pute* »

Cette réunion houleuse était destinée à me freiner et à me convaincre que, seul, je ne pourrais résister à la pression. Que mon intérêt personnel et professionnel était donc de renoncer, le plus tôt possible, à chercher plus avant. Que mon combat, de quelque côté que je me tourne, était perdu d'avance.

Ces collègues de la Section de recherche m'ont fait miroiter d'inquiétantes probabilités : « Une pute, c'est une pute. » En gros, on ne sait jamais ce qui peut se passer avec ce genre de filles. Demain, elles pourraient dire que j'ai profité de la situation, par exemple que j'ai eu des gestes déplacés. Leur message était clair : je devais choisir mon camp. Celui des putes ou celui des gens bien. Je le reconnais, un enquêteur est d'abord un homme. S'il fait ce métier, épuisant et ardu, c'est aussi parce qu'il cherche, sinon à réparer, tout au moins à freiner les horreurs inhérentes à l'être humain quand il se transforme en bourreau. Un enquêteur a viscéralement besoin que le criminel soit identifié, que le coupable soit arrêté. Je ne suis pas différent des autres. Mon camp a toujours été celui des victimes. Et je me suis dit, dès le départ de cette enquête, que même si un jour Christèle B…, Florence K… ou une autre se retournait contre moi, si l'une d'entre elles m'accusait injustement, elle resterait, quoi qu'il en soit, un témoin incontournable.

Cette réunion n'a donc pas eu le but attendu. Elle ne m'a convaincu que d'une chose si j'avais encore la faiblesse d'avoir des doutes : le souhait de certains était de « recadrer » l'enquête au profit d'un apaisement général. Ce jour-là, j'ai réalisé que je perdrais. Qu'un homme seul ou entouré, comme je l'étais, d'une poignée d'enquêteurs, si déterminé soit-il, ne peut s'opposer à une institution. Ce jour-là, j'ai compris que je quitterais très bientôt la gendarmerie, mais je me suis également promis de découvrir la vérité. Sans doute ma hiérarchie l'a-t-elle vite compris elle aussi : l'Ariégeois à tête de pioche ne pourrait se taire aussi facilement. Au cours de l'été 2003, alors qu'il n'était pas encore question de mon départ à la retraite, des supérieurs m'ont demandé à deux reprises si j'avais l'intention d'écrire un livre (!). Et de me rappeler au devoir de réserve tant que j'appartiendrais à la gendarmerie. Un livre : voilà apparemment ce qu'ils redoutaient le plus. La crainte de l'homme libre.

La méthode la plus sûre pour faire douter les familles de victimes et l'opinion publique était alors d'utiliser les médias : certains ne s'en sont pas privés. J'ai même envisagé que des avocats pourraient aller jusqu'à insinuer que j'avais pu manipuler des témoins. Je les ai sous-estimés : ils ne l'ont pas insinué, ils l'ont affirmé ! Cette méthode de déstabilisation est simple et comporte peu de risques. Ces accusations, grossières et maladroites, n'honorent pas ceux qui les ont lancées ou relayées. Ma hiérarchie a évoqué d'autres arguments : si, à une période de l'enquête, j'ai fait du bon travail – car il fallait bien justifier de m'avoir mis en avant pour servir la communication de la gendarmerie –, l'affaire m'a surmené et, la dernière année, je n'étais malheureusement plus capable de mener une enquête objective. Je me serais donc fait berner par des témoins improbables, des prostituées qui osaient se porter partie civile. Ce n'est pas mon sentiment.

Soyons clair : je ne crois pas que tout ce que Christèle B… et Florence K… ont déclaré soit vrai. Loin de là. Dès leur plus jeune âge, elles ont appris à travestir la réalité pour se préserver. Cela n'en fait pas pour autant des menteuses invétérées. L'ensemble de leurs déclarations n'est donc pas forcément vrai. Mais tout n'est pas forcément faux non plus. C'est donc à la justice de faire le tri en se fondant sur ce que nous avons pu lui apporter à l'issue de l'enquête. Et non pas au début. Nous avons fait preuve de notre souci d'objectivité en soumettant ces témoins à des expertises psychologiques qui ont conclu à leur crédibilité. Voilà peut-être pourquoi une certaine presse a occulté ces expertises. À moins que les experts soient aussi partiaux que les gendarmes d'Homicide 31.

Un enquêteur se doit de rester objectif, de ne pas accorder trop d'intérêt à sa conviction personnelle. Il ne doit pas tenter de l'étayer en ne recueillant que des éléments qui la confortent, car il risque alors de passer totalement à côté de la vérité. L'enquêteur se doit, au contraire, de recevoir la totalité des déclarations qui lui sont faites puis de les vérifier par tous les moyens à sa disposition. À plusieurs reprises, on m'a fait comprendre qu'il ne fallait pas rechercher de nouveaux témoins susceptibles de recouper des déclarations gênantes, que je devais même « tamiser » les témoignages. Ces conseils se situent aux antipodes de ce que la justice peut, selon moi, attendre d'un officier de police judiciaire. Et si c'est cela le travail d'un officier de police judiciaire, autant rendre sa carte.

Le 28 mai 2003, j'ai une discussion mémorable avec le lieutenant-colonel Henry, qui a tenu des propos qui m'ont choqué. Je ne lui en tiens pas grief personnellement : je n'ai rien contre lui et, en plusieurs occasions, j'ai pu compter sur lui. Mais ce jour-là, j'ai été déçu par sa crainte d'un pouvoir supérieur au sien.

L'enquête sur les viols et actes de torture avait avancé. Les médias se repaissaient de noms plus ou moins célèbres, cités dans des procès-verbaux dont certains journalistes trouvaient copie quasi immédiatement. Les propos du lieutenant-colonel se sont fait confidence. Et ils n'ont laissé place à aucune ambiguïté. « On » ne nous laisserait pas aller jusqu'au bout : on touchait au pouvoir, au financement des partis politiques par les municipalités et la franc-maçonnerie… Jusqu'à présent les filles n'étaient pas vraiment en danger, mais si ça continuait, elles risquaient vraiment de l'être… Aujourd'hui on peut faire tuer quelqu'un pour cinq mille francs. En Belgique, dans l'affaire Dutroux, les seuls témoins vivants sont ceux qui ont été tenus pour fous… Et il vaut mieux passer pour fou que de se faire tuer. Lui-même, on pourrait le faire passer pour fou ou dépressif...

J'ai très bien compris. Je reste serein et lui réponds que, si tout ce volet de l'affaire est mensonger, cela va apparaître rapidement et n'aura été qu'un feu de paille. Il appartiendra alors aux personnes injustement calomniées d'engager des poursuites contre les dénonciatrices. En revanche, si une partie est vraie, il est vain de penser l'occulter. Tant qu'un enquêteur travaillera sur un des dossiers de la Cellule, cet environnement très particulier, dénoncé aujourd'hui, pourra réapparaître subitement, du jour au lendemain, dans la bouche d'autres témoins. Des faits comme ceux-ci, s'ils sont réels, ne peuvent être connus d'une ou de deux personnes seulement. Dès lors on ne peut taire l'affaire. La presse est là, présente et active. Ce que des enquêteurs peuvent refuser d'entendre, d'autres oreilles peuvent le recueillir.

Le lieutenant-colonel passe ensuite à autre chose : en 2002, j'ai fait une demande de mutation dans une brigade proche de mon domicile. J'avais décidé de mettre ma hiérarchie au pied du mur : soit elle me mutait, soit elle me gardait, mais en me laissant travailler et en me conservant mes prérogatives de directeur d'enquêtes. D'après le lieutenant-colonel, je peux demander à être muté, mais si je quitte la Section de recherche, les médias vont hurler au scandale, dire que l'on cherche à délaisser l'enquête. Mais pour moi, rester tout en étant neutralisé revient à servir de caution vis-à-vis des familles de victimes et des médias. Un moyen idéal pour régler, enfin, le compte de la cellule Homicide 31 sans que cela se voie trop.

Le 2 juin 2003 a lieu une nouvelle réunion à la Section de recherche. Mais cette fois mes hommes sont présents ! Théoriquement, je dois recevoir des excuses pour le traitement qui m'a été réservé le 19 mai. Le lieutenant-colonel a visiblement oublié ses promesses, mais la roue tourne, et je suis indirectement « vengé » par le directeur de l'autre enquête lui-même : il nous informe que le juge Bergougnan critique son travail. La voix blanche, il propose d'être retiré de l'enquête. Un autre fait de même. Le lieutenant-colonel refuse. À l'issue de cette réunion, il me fait signer ma demande de mutation, tout en m'indiquant que le Tarn, dont je vais dépendre, pourra s'opposer à mon détachement à la Cellule… Mais ma décision est prise.

Un matin, mes enquêteurs et moi voyons arriver le chef d'escadron Calvez. La venue de cet officier supérieur à la Cellule est déjà en soi un événement ! Il entre dans mon bureau et m'explique qu'il a reçu pour mission d'être mon « ange gardien ». Dorénavant, il sera en permanence présent à mes côtés afin que rien n'échappe à la hiérarchie. Il me précise que je ne dois nullement prendre sa présence comme un manque de confiance mais comme un contrôle normal. Il a reçu des ordres et, vu la portée du dossier, il doit être présent « en temps réel » auprès de moi. Étant militaire et donc soumis aux ordres, je suis contraint d'obéir. Après tout, le travail de la Cellule est transparent, ce n'est pas la présence d'un chaperon qui peut nous déstabiliser et tel n'est pas forcément le but. Il continue à m'expliquer son rôle : quand je rencontrerai les magistrats, il sera avec moi ; quand j'entendrai des témoins, il viendra avec moi. Cela tombe bien : dans les minutes qui suivent, sur un coup de téléphone, je dois amener « Djamel » chez le juge d'instruction. Le commandant est donc contraint de me suivre au pas de course. Il est 11 heures, nous nous passerons de déjeuner. Pour nous, enquêteurs, c'est une habitude dont nous ne nous formalisons pas, mais je comprends dès ce premier jour de chaperonnage que ce rythme est inhabituel pour lui !

Les magistrats, à leur tour, découvrent cette tutelle. Lorsque le substitut Heinisch téléphone à la Cellule pour me parler, le commandant prend le combiné et engage la conversation avec le magistrat. Au bout d'un moment, François Heinisch insiste pour me parler directement. Je décroche donc le combiné de mon bureau et je vois immédiatement arriver Christian Calvez qui, d'autorité, branche le haut-parleur du poste pour suivre en direct, et sans y être invité, ma conversation avec le substitut. Mais cette façon de faire n'est pas très efficace. Elle donne parfois lieu à des situations cocasses : le lendemain, je me rends avec mon nouveau chaperon dans le bureau d'un juge d'instruction. Mon téléphone portable sonne. C'est le capitaine, visiblement inquiet : il veut savoir où je suis. Je le rassure en lui indiquant que je suis déjà sous le contrôle du commandant.

L'opération « chaperonnage » fera très vite long feu. Pas question pour autant de me lâcher la bride. Une autre stratégie est mise en place : instituer des réunions quotidiennes. J'ai ordre d'être présent chaque jour à la Section de recherche et de rendre compte par le menu de toutes mes actions et de tous mes projets concernant l'enquête. Cela induit une perte de temps conséquente : je suis contraint de quitter la Cellule à 17 h 30 chaque jour. Je ne peux donc plus organiser d'auditions de témoin ou de déplacements l'après-midi. Je dois aussi annuler les réunions avec mes enquêteurs alors que nous ne sommes plus que quatre à travailler sur les dossiers, et que mes collaborateurs, parce qu'ils sont débordés, ont besoin de moi au quotidien. Je serais décidément « ingérable », il faut donc limiter mes moyens d'action et m'accompagner chez les magistrats. En somme, me surveiller et démotiver l'ensemble de la Cellule. Mais, là encore, au bout de quinze jours, j'arrive délibérément en retard aux réunions quotidiennes, ce qui nous oblige à retarder d'autant notre retour chez nous le soir !

Un autre épisode atteste que ma hiérarchie a décidé de limiter mon rôle. Le 19 juin 2003, la cellule Homicide 31 est en plein déménagement. Ironie de l'histoire, elle va enfin, alors qu'elle est moribonde, s'installer dans des locaux dignes de ce nom ! Le lieutenant-colonel arrive ce matin-là dans les anciens locaux que nous finissons de vider. Ce n'est pas dans ses habitudes. Il vient pour se renseigner et se rassurer : la presse a en effet annoncé que Patrice Alègre allait être mis en examen dans le dossier de la mort d'Hadja Ben Youssef. C'est faux, nous n'avons établi que quelques pièces de procédure dans ce dossier. Mais le lieutenant-colonel est inquiet, il craint que les médias n'aient été mieux informés que lui. Je ne pense pas qu'il nous soupçonne de lui avoir sciemment caché des éléments importants. Pendant un court moment, il m'a même demandé de ne lui rendre compte que de ce que je jugeais indispensable, pour éviter tout risque de fuites.

Quelques minutes plus tard, le lieutenant-colonel reçoit un coup de téléphone d'une journaliste de la rédaction nationale de France 3. Elle lui pose des questions sur moi : suis-je écarté de l'enquête suite à la création du deuxième groupe de gendarmes ? Il répond par la négative, tout en se rapprochant de moi afin que j'entende bien ses propos, et invite même la journaliste à me parler pour que je confirme. Et il me passe le téléphone. Le message est clair : je dois tenir le même discours que lui. La journaliste me demande donc comment se passe mon travail avec la création de ce nouveau groupe d'enquêteurs et ajoute : « N'auriez-vous pas voulu enquêter sur ce volet-là ? » Je lui réponds en substance que je suis officier de police judiciaire et que, en tant que tel, je n'ai pas à avoir de souhaits particuliers, que je reçois des directives d'un juge d'instruction. Mais elle insiste : « Pouvez-vous me dire que vous travaillez sans aucune entrave, comme par le passé ? » Et là, je lui rétorque que je ne peux pas répondre à cette question. Elle insiste et je persiste : « Je ne peux pas répondre à cette question. » Le soir même, France 3 diffuse l'entretien qui a été enregistré à notre insu. Nous avons été piégés, mais pour ma part cela m'est absolument égal. Le lieutenant-colonel, lui, est légitimement furieux. Quelques jours plus tard, la journaliste m'a présenté ses excuses.

Ce qui pourrait n'être qu'une anecdote illustrant les relations compliquées des médias avec la gendarmerie dans une enquête délicate signifie beaucoup plus. Au fur et à mesure, j'ai réalisé que le but de certains de mes supérieurs, à ce moment-là, était de me conserver comme caution pour les familles de victimes et les médias. L'accepter m'était impossible. Bien sûr, depuis plusieurs mois, je voyais le bout du chemin se profiler de plus en plus vite à l'horizon. J'ai alors acquis des réflexes pour préparer ma sortie. Ainsi je mettais systématiquement le haut-parleur lors de mes conversations téléphoniques, que ce soit avec ma hiérarchie ou des magistrats, pour que la mémoire des enquêteurs présents puisse suppléer la mienne. Quand je rentrais d'entrevue avec les magistrats, au lieu d'attendre que nous soyons tous présents, j'en faisais immédiatement un résumé au collègue que je trouvais sur place, pour répartir promptement et efficacement mes souvenirs. D'autant que je constatais un décalage entre ce que je vivais et ce qui était généralement rapporté à mes collègues par mes supérieurs.

Toutes ces mésaventures ont eu un effet sur les dossiers suivis par le juge Lemoine, qui s'est retrouvé quasiment privé de ses enquêteurs pour instruire des dossiers de meurtres et de disparitions inexpliquées. Des dossiers qui nécessitent des hommes à plein temps, surinvestis psychologiquement. Les rebondissements liés à la deuxième affaire nous ont contraints à multiplier les vérifications. Une pluie d'informations, parfois fiables, souvent erronées, nous a brutalement arrosés, arrivant de partout et de nulle part. Des lettres anonymes trouvaient le chemin de la Cellule ou du cabinet du juge. Des témoins plus ou moins intéressants nous contactaient : tout devait être vérifié. Nous n'étions plus en mesure d'organiser, de structurer, de recouper, d'analyser. Fini la maîtrise de l'enquête. Nous devenions des pompiers destinés à éteindre tous les feux de broussailles qui s'allumaient simultanément à droite, à gauche, devant et derrière nous. Le déménagement de la Cellule dans cette période extrêmement tendue n'a fait qu'ajouter à notre handicap : pendant des semaines, pas de tables, pas de chaises, nos dossiers s'entassaient dans des cartons. Nous nous épuisions. Était-ce le but recherché ? Par qui ?

9.
Patrice Alègre

> « Il ne faut pas croire que ces meurtriers en série soient des gens ultra-intelligents qui défient la police. Un tueur en série, c'est juste un criminel qui ne s'est pas fait prendre avant, qui est passé à travers. »
>
> Dr Daniel Zagury, psychiatre,
> devant la cour d'assises de la Haute-Garonne
> lors du procès de Patrice Alègre,
> février 2002.

Une erreur capitale

Patrice Alègre est un tueur, la justice l'a prouvé. Des psychiatres renommés l'ont diagnostiqué « psychopathe », décrivant, entre autres, sa froideur dans la narration de ses crimes, son sentiment de toute-puissance sur un autre réifié, totalement à sa merci. Ce type de criminel répond, d'après l'ordonnance de mise en accusation de Patrice Alègre, à « l'intrication complexe de très nombreux facteurs : perversion sexuelle, recherche du plaisir, expression d'une révolte contre la société, haine des femmes et en particulier de la mère, plaisir de donner la mort, acte de pure destructivité et surtout expression d'une toute-puissance narcissique ».

Pourquoi lui consacrer un chapitre alors qu'il n'en mérite pas tant ? Pour remettre les choses à leur place. À ceux qui, inlassablement, ont voulu vider de sa substance la cellule Homicide 31 afin qu'elle cesse d'enquêter sur des meurtres non élucidés et des disparitions inexpliquées, il me semble nécessaire d'objecter, au risque de paraître moralisateur, que lorsque la police ou la gendarmerie ne résolvent pas un meurtre, elles peuvent devenir indirectement responsables de tous ceux que le meurtrier pourrait commettre par la suite. Il est non seulement révoltant, mais extrêmement dangereux qu'un meurtre non résolu, sous prétexte qu'il est ancien, ne soit pas élucidé. Cela signifie que la société accepte de laisser circuler un tueur en toute impunité. S'il a tué par vengeance, les citoyens pourront sans doute pousser un soupir de soulagement : son acte meurtrier restera peut-être unique. S'il a tué pour de l'argent, et qu'il n'est pas arrêté, il recommencera vraisemblablement. S'il a tué par perversité, il prendra goût au meurtre et se perfectionnera. Il courra donc de moins en moins de risques d'être appréhendé et le nombre de ses victimes ne fera que croître. C'est très exactement le cas de Patrice Alègre, qui n'a pas été arrêté en 1987 ou 1989, lors du début présumé de ses activités criminelles, et qui a ensuite semé la mort de plus en plus souvent. Au fil des années, il a pu ressentir assez légitimement un sentiment de toute-puissance et d'impunité quasi totale. En 1989, lorsqu'il tue Valérie Tariotte, il laisse des empreintes digitales chez elle sans que les enquêteurs puissent alors les identifier. Elles figuraient pourtant dans un fichier de la police depuis avril 1985, à la suite d'un vol de mobylette. En 2002, lors du procès de Patrice Alègre devant les assises, l'avocat général en a fait le reproche à la police.

Lorsque le corps de Laure Martinet est retrouvé, la plupart des habitants du village de Saint-Geniès-Bellevue subissent une expertise ADN… sauf, on l'a vu, Patrice Alègre. Le tueur, objectivement, ne peut que croire en sa bonne étoile. Il a toujours eu de la chance. Ses amis en attesteront devant nous. À la fin des années 80, Patrice Alègre commet presque quotidiennement des cambriolages avec un ami. Tous deux partagent le goût de la cocaïne et des prostituées. Ils projettent aussi des agressions selon la technique du « saucissonnage » qui consiste à s'en prendre à des particuliers à leur domicile. Son ami est démarcheur d'encarts publicitaires pour *La Dépêche du Midi*. Cela lui permet de faire des repérages dans tous les départements limitrophes de la Haute-Garonne.

À moitié par crainte, à moitié par honnêteté, il ne rechigne pas à nous aider quand nous lui demandons des renseignements précis sur Patrice Alègre. Depuis, bien sûr, le tueur voue une haine tenace à son ancien comparse qui nous a raconté un épisode qui l'a lui-même étonné : dans les années 90, Patrice Alègre, sa compagne et lui roulaient dans l'Austin mini de Patrice Alègre. Leur véhicule a été intercepté par la police dans une petite rue toulousaine : une tentative de braquage venait d'avoir lieu dans un commerce voisin. Dans la voiture, les policiers trouvent une arme et embarquent tout le monde. Mais tous trois sont très vite relâchés et, selon son ami, Patrice Alègre serait même allé récupérer son arme un peu plus tard au commissariat. Florence K..., elle, a évoqué sans que l'on puisse le prouver l'intervention de policiers haut gradés qui auraient tiré Patrice Alègre d'un mauvais pas en sa présence, dans un commissariat. Patrice Alègre a donc eu de la chance. Une chance qui s'est alliée à un culot monstrueux. Entre la fin des années 80, où on peut situer ses débuts de criminel, et septembre 1997, date de son arrestation, il s'est perfectionné. Mais, heureusement pour la société, dans son trop long parcours de tueur, un jour, en 1997, peut-être aveuglé par son sentiment de toute-puissance, peut-être, plus simplement, parce que c'est un psychopathe dont les pulsions varient selon l'instant, il a commis une erreur capitale : il a laissé, on l'a vu, la vie sauve à l'une de ses victimes, Émilie Espès.

Chance et culot

Le 21 février 1997, à l'issue d'une soirée en banlieue toulousaine, Patrice Alègre viole et tente d'étrangler Émilie, une jeune fille de vingt ans avec qui il a sympathisé quelques heures plus tôt, à l'arrière de son Austin mini. Émilie était montée à l'avant de la voiture pour qu'il la raccompagne. Il l'a vraisemblablement droguée. Elle se réveille quand il est sur elle, il la roue de coups, la viole, elle s'évanouit. Lorsqu'elle se réveille à nouveau, Patrice Alègre conduit. Émilie est toujours à l'arrière, groggy, mais elle a une étonnante présence d'esprit. La voiture roule en pleine campagne, elle comprend que Patrice Alègre la croit morte et son instinct lui dit qu'elle doit trouver une solution pour fuir ; sinon il risque de se débarrasser de son corps, peut-être même en le jetant dans la Garonne. S'égrènent les minutes les plus effroyables de la vie d'Émilie. Elle sait qu'il l'a violée, puisque son pantalon et son slip sont arrachés. Mais elle veut vivre. Elle prend une décision : sa seule chance est de parler à son agresseur, d'essayer de le calmer. Émilie rompt alors le silence et s'adresse à Patrice Alègre, d'une voix calme : « Patrice, ça va, t'inquiète pas, tout va bien, c'est pas grave. »

Pour Patrice Alègre, cette voix sort d'outre-tombe. Il est comme pétrifié : elle n'est donc pas morte. Il arrête la voiture et passe de nouveau sur le siège arrière, en balbutiant : « Faut pas m'en vouloir, tu tiens dix ans de ma vie entre tes mains. » Émilie continue à lui parler, à le calmer. Il la viole à nouveau, et Émilie, accrochée à la vie, répète doucement : « T'inquiète pas, je ne te dénoncerai pas. »

Puis elle lui demande de la raccompagner chez elle, mais Patrice Alègre reste méfiant et la ramène chez un ami qui l'héberge. Une fois arrivé, Patrice Alègre, voyant Émilie nettoyer le sang sur son visage (il lui a cassé le nez et l'os de la pommette gauche), répète d'un ton penaud : « Mais qu'est-ce que j'ai fait ! » Puis il l'entraîne dans sa chambre, la surveille quelques minutes, s'écroule sur le lit et s'endort. Émilie ose à peine bouger. Ce n'est qu'au matin, lorsqu'elle entend du bruit dans la cuisine, qu'elle trouvera le courage de se lever doucement et de sortir de la chambre. Rejoignant la compagne de l'ami de Patrice Alègre, elle n'ose pas encore dire la vérité : son agresseur dort toujours dans la maison. Elle raconte qu'il y a eu une bagarre au cours de la fête de la veille, que Patrice Alègre l'a défendue. Mais que maintenant elle aimerait aller à l'hôpital. Ce n'est qu'une fois en voiture qu'elle explique ce qui s'est vraiment passé. Lorsque Patrice Alègre se réveille, son ami, prévenu par sa compagne, lui demande aussitôt des explications. Patrice Alègre élude et disparaît, mais il ne s'éloigne pas pour autant. Sans doute pense-t-il qu'Émilie ne l'a pas dénoncé ! Et c'est là que son culot monstrueux s'allie à une chance redoutable. Car il va contacter son ami pour se faire remettre des vêtements. La police, informée, se rend sur le lieu du rendez-vous mais y trouve le frère de Patrice Alègre. Il est entendu, mais affirme ne pas savoir où se trouve son frère. Le 1er mars 1997, Patrice Alègre appelle un autre ami pour lui demander de l'argent. Le 18 mars, il est à Aubenas. À la même période, il se lie à Rodez avec cette jeune femme défendue par sa mère, autre miraculée.

Pendant au moins un mois et demi, Patrice Alègre traîne dans la région toulousaine. Il y revient en avril pour se venger et cambrioler la maison où il avait ramené Émilie. C'est du moins ce dont son ancien ami est persuadé. Puis Patrice Alègre demande de l'aide à sa mère, à qui il dit être « recherché par la police ». Elle lui donne de l'argent, le charge dans le coffre de sa voiture pour l'amener en toute sécurité jusqu'à la gare. Dès lors, Patrice Alègre, qui aime la montagne, s'enfuit en Ariège pour se cacher. À Foix, le 31 mai 1997, il est arrêté pour dégradation de biens publics et privés – il a tenté de démolir à coups de pied la porte d'une jeune femme –, violences sur agent de la force publique et port illégal d'arme. Malheureusement, Patrice Alègre a donné un faux nom : Richard Robert. Il est relâché. La jeune femme dont il a détruit la porte retrouve chez elle le permis de conduire que Patrice Alègre a oublié et où figure son véritable nom. Les policiers font alors le recoupement. Trop tard !

Début juin 1997, Patrice Alègre rencontre par hasard lors d'un méchoui une femme de trente-cinq ans : Mireille Normand. Il cherche du travail, elle a des travaux à faire chez elle, elle l'embauche et accepte de le loger. Il se montre alors sous son meilleur jour : il répare des bricoles, fait le ménage. Le 19 juin, il la tue. Comme d'habitude, Patrice Alègre dira qu'elle s'est refusée à lui après qu'ils avaient bu et fumé du haschich. Selon lui, Mireille serait montée dans sa chambre, à l'étage, pour se coucher. Il l'aurait suivie, elle se serait débattue, aurait lutté avec lui et serait tombée sur le lit, où il l'aurait violée et tuée. Mais les constatations scientifiques, faites par Francis Hébrard, font apparaître une autre réalité. Les traces relevées sur la porte de la chambre de Mireille prouvent qu'elle y est entrée pour s'y réfugier. La chaise de la chambre est tachée de sang : Patrice Alègre l'a utilisée pour frapper violemment sa victime.

Après son arrestation, alors qu'il est entendu à Paris, Patrice Alègre occulte ces faits. Il se garde bien aussi d'expliquer comment il a, encore une fois, véritablement « joué » avec Mireille pendant qu'elle agonisait. Comment il l'a bâillonnée, parce que ses râles l'empêchaient de dormir tranquillement à côté d'elle, mourante, sur le lit. Comment il l'a descendue dans une autre chambre, à l'étage inférieur, et lui a obstrué le nez et la bouche, pour qu'elle meure lentement, étouffant peu à peu jusqu'au petit matin. Puis comment il a ficelé son corps dans une couette. Comment, plus loin, sur un trottoir, il a allumé un feu, y a fait brûler un jean et un godemiché dont les enquêteurs ont retrouvé des pièces métalliques. Comment il a ensuite poncé les escaliers de la maison, pour effacer les traces de sang. Comment il a nettoyé et repeint en bleu la moquette de la chambre du bas dans laquelle le sang s'était incrusté. Comment, de nuit, à l'abri des regards, il a creusé un trou dans le jardin pour y enterrer Mireille. Et comment il a laissé un mot, dans le but de se faire passer pour un autre : « Mireille, je sais pas où tu es, j'ai fini de bricoler je m'en vais. À la prochaine. Franck. » Il a ensuite volé la voiture de sa victime, embarqué des outils pour les revendre, et fui en Espagne.

Au début de l'enquête, après l'exhumation du cadavre en juillet 1997, des jeunes gens sont soupçonnés. Puis l'enquête fait apparaître que « Franck » n'est autre que le Richard Robert qui a été inquiété à Foix quelques semaines plus tôt. Richard Robert dont le vrai nom est… Patrice Alègre. Mais le tueur, une fois de plus, a disparu. C'est encore un criminel à qui la chance sourit et qui, crime après crime, s'organise de mieux en mieux.

Je me targue d'être celui qui, à l'heure actuelle, connaît le mieux Patrice Alègre, dans la mesure où on peut penser connaître un psychopathe. Et je souhaite rétablir ici quelques vérités : Patrice Alègre n'est pas l'être démoniaque et très intelligent que certains journalistes ont pu décrire. Il a seulement su allier un culot monstre à une chance étonnante. Il a chaque fois joué son va-tout et s'est peu à peu perfectionné dans le crime.

Face à face

Entre 1997 et 2003, j'ai rencontré Patrice Alègre environ une quarantaine de fois et nous avons parlé en tout plusieurs centaines d'heures. J'ai tout de suite cherché le contact avec lui : c'est ma méthode. Je pense que toute autre aurait échoué. Nous discutions beaucoup, parfois en présence d'autres enquêteurs de la Cellule (ceux que Patrice Alègre appréciait), parfois en présence de mes supérieurs hiérarchiques très intrigués par le bonhomme, souvent en tête-à-tête. Patrice Alègre et moi avons abordé de nombreux sujets. Je pense qu'il m'a longtemps fait confiance parce qu'il a pu vérifier que j'étais honnête. Je ne lui ai jamais menti, pas plus à lui qu'aux témoins, aux familles de victimes, à mes hommes, à mes collègues, à ma hiérarchie ou aux magistrats.

Être honnête est, de toute façon, un de mes traits de caractère ; c'est aussi la méthode que j'ai employée avec Patrice Alègre : il me fallait instaurer un vrai dialogue entre nous. Mais le rapport de forces devait rester en ma faveur. La balance était parfois difficile à équilibrer. J'ai d'abord passé des semaines, des mois, à lui expliquer l'intérêt pour lui d'être à mes côtés et non contre moi. À lui dire qu'il pourrait, sinon se refaire un honneur, tout au moins se racheter une conscience et, une fois ses crimes avoués, débuter une vraie thérapie. Je lui ai répété surtout que ses proches et les familles des victimes avaient besoin de connaître la vérité. Un jour, je lui ai expliqué que je n'étais pas destiné à être son ami mais que, s'il parlait, je ne serais pas ingrat. Et qu'en revanche, s'il persistait dans son mutisme, je n'arriverais certes jamais à tout prouver, mais que j'en saurais suffisamment pour donner de lui une image qu'il refuse d'assumer. Il s'est alors assis à côté de moi et m'a lancé un défi : je pourrais chercher deux cents ans, je ne trouverais rien. Nous nous sommes levés, je lui ai serré la main et lui ai répondu que je ne chercherais pas deux cents ans, mais que je trouverais.

Et puis le moment est venu où nous avons accumulé suffisamment d'éléments pour pouvoir faire fructifier notre travail. Il fallait passer à une autre stratégie qui soit de plus en plus éprouvante pour lui. D'abord, nous lui avons asséné les preuves que nous avions trouvées. Puis nous l'avons confronté aux témoins qui le dérangeaient, ses anciens amis, amants, maîtresses, des prostitués et des travestis. Enfin, nous l'avons placé face aux témoins qu'il ne connaissait pas. Patrice Alègre, qui jusque-là appréciait de nous rencontrer pour pouvoir

« s'aérer », a commencé à prendre conscience d'un changement d'ambiance. Il a réalisé qu'il nous avait sous-estimés : nous avions récupéré des éléments qu'il pensait introuvables. À ce moment-là, j'ai décidé de faire évoluer nos relations.

Un jour, il a refusé d'être extrait de sa cellule. Je l'avais prévu et le magistrat instructeur m'avait confié une réquisition d'extraction par la force. Sous les yeux du sous-directeur de la maison d'arrêt, j'ai ordonné aux gardes mobiles présents de se saisir de lui. Patrice Alègre s'est adossé à une grille du couloir menant aux cellules et a commencé à donner des coups aux gendarmes qui, évidemment, ne se sont pas laissé faire. Puis il m'a insulté. Je me suis bien gardé de lui répondre. Ce jour-là, il a été mis en examen. Patrice Alègre a dès lors compris que, dorénavant, qu'il participe ou non, pour lui le résultat serait le même. Il a ensuite déposé plainte contre les gendarmes mobiles, affirmant qu'ils étaient venus sans raison le frapper dans sa cellule.

Je pense que Patrice Alègre a compris assez récemment que je l'avais, en partie, percé à jour et que je représentais par conséquent un danger pour lui. Aussi a-t-il adressé une lettre au procureur général de Toulouse, lui demandant que « des gendarmes impartiaux » s'occupent désormais des enquêtes le concernant. Il a également changé d'avocat. Mes relations avec ses anciens avocats, Pierre Alfort et Laurent Boguet, ont toujours été loyales et professionnelles. Ils faisaient sincèrement leur travail et admettaient que je mène tout aussi honnêtement mes enquêtes. Défendre Patrice

Alègre ne les a jamais empêchés d'être respectueux des victimes et de leur famille, de la Cellule et des magistrats. Ils ont aidé leur client, allant le voir très régulièrement des années durant, ils ont passé des jours et des jours à étudier ses dossiers, ils l'ont défendu du mieux qu'ils le pouvaient au cours de son procès. De tout cela, il les a remerciés en les congédiant brutalement. Que Patrice Alègre, tueur en série, violeur, tortionnaire, ose ensuite porter plainte contre l'un de ses anciens avocats, qu'il accuse d'avoir détourné une somme d'argent que l'animateur Karl Zéro lui aurait versée, me semble d'ailleurs être le comble de l'immoralité.

Patrice Alègre a également fait part, sans succès, au procureur général Barrau de son souhait de ne plus être entendu par le juge Lemoine, qui depuis 1997 a une perception de lui beaucoup trop précise pour qu'il ne s'en inquiète pas.

Dernière visite à Patrice Alègre

Avant de tourner la page de la gendarmerie, il me fallait revoir Patrice Alègre, une dernière fois en tête-à-tête. D'aucuns pourront m'accuser d'avoir ainsi profité de ma qualité d'officier de police judiciaire. C'est en partie vrai, et c'est la seule fois : je savais que je l'entendais pour la dernière fois. Lui l'ignorait. Pour autant, il n'était pas question pour moi de régler des comptes. Juste peut-être de le remettre à la place qu'il n'aurait jamais dû quitter : celle d'un assassin doublé d'un violeur coutumier d'actes de torture. Et ce livre servira aussi à cela : comment pourrais-je le laisser cultiver l'image d'un prisonnier sûr de lui depuis qu'il est défendu par un ténor du barreau ? L'image d'un homme qui ose faire croire, avec tout le sang qu'il a sur les mains, qu'il peut tirer des ficelles, donner des leçons, voire même être une éphémère star du petit écran via Canal + ? Ce n'est pas son intelligence, guère supérieure à la moyenne, qui lui a permis de devenir un tueur en série, mais bien plutôt la légèreté de la police et de la gendarmerie dans les années 90. Depuis son arrestation, Patrice Alègre a toujours dû faire face à des enquêteurs qui détenaient des éléments tangibles contre lui.

Ce dernier rendez-vous a donc eu lieu le mercredi 30 juin 2003 à la maison d'arrêt de Seysses. Philippe Dassibat, Christophe Moireau et le capitaine qui ne me quitte plus sont présents. Je dois présenter à Patrice Alègre des objets que nous avons retrouvés dans sa voiture il y a plus d'un an et demi. Ils étaient dissimulés dans une cache derrière le réservoir de son Austin mini. En accord avec le juge Lemoine, je n'ai pas voulu l'entendre à ce sujet auparavant afin de choisir le moment le plus opportun. Avec Patrice Alègre, aucun échange, aucun dialogue ne peut être le fruit du hasard.

Le but est donc de faire monter la pression, de le déstabiliser, de le remettre à sa place. Patrice Alègre n'apprécie ni mes questions ni l'ambiance. Quand je lui demande de m'expliquer pourquoi nous avons trouvé des cordes dans sa voiture, il pivote sur sa chaise, me tourne délibérément le dos, m'offrant son meilleur profil, le gauche. Il choisit de parler au capitaine. Plus je mets

Patrice Alègre sur le gril grâce aux éléments matériels en notre possession, plus mon supérieur lui parle avec douceur. Nous sommes en décalage. Une fois de plus ! Et Patrice Alègre tente bien sûr d'en jouer. J'émaille intentionnellement la conversation de longs blancs pour le mettre mal à l'aise. Le capitaine les rompt. Le criminel essaie de détourner mes questions trop précises, ou me répond du bout des lèvres. Mais je connais trop bien l'animal, je cherche à le piquer au vif : aurait-il peur ? Je ne l'ai jamais piégé, je lui pose les questions clairement.

Parler de peur à Patrice Alègre devrait entraîner une réaction vive du genre : « Moi, je n'ai peur de rien. » Cette fois il ne m'oppose qu'un mutisme résolu. Il ne répond pas à mes provocations. Je continue, j'énumère le contenu de la cache, je lui demande si cela ne lui évoque pas une « caisse à outils » fort utile pour commettre le type d'agressions qu'il affectionne. Comme pour nous faire patienter jusqu'à l'arrivée de son avocat, Patrice Alègre trouve une explication à la présence des objets dans sa voiture : il comptait agresser un riche couple habitant en face d'une discothèque où travaillait son ancienne maîtresse. Avec un complice, il voulait « faire leur coffre-fort ». Patrice Alègre nous donne le nom de son acolyte, il s'agit de Michel C… qui devait, prétend-il, fournir les armes. L'agression aurait tourné court. Le capitaine semble très satisfait. Au contraire, je prends cet « aveu » comme un subterfuge de Patrice Alègre pour mettre en cause un ancien complice avec qui il a un compte à régler, et je le lui dis clairement.

Il est assis en face de moi, à ses pieds les fils de mon

ordinateur. Pour tester son état d'esprit à mon égard, je lui demande de le débrancher. Ce qu'il fait très gentiment. Je m'apprête à partir, alors que le capitaine entend rester en tête-à-tête avec Patrice Alègre. Et, pour la dernière fois de ma vie, règle élémentaire de courtoisie à laquelle je n'ai jamais failli, je serre la main de Patrice Alègre.

Comme le juge Lemoine, je pense avoir fait à peu près le tour de la personnalité du tueur en série et l'avoir compris, autant que l'on puisse le comprendre. À mon avis, Patrice Alègre espère voir disparaître de son chemin les hommes qui le connaissent le mieux et qui, pense-t-il, lisent trop clairement en lui. Ceux qui peuvent le contrer, ceux qu'il ne parvient pas à manipuler, sont pour lui une menace potentielle. C'est pour cette raison, entre autres, qu'il a congédié ses deux premiers avocats. Pour la même raison, Patrice Alègre espérait que le juge d'instruction Serge Lemoine et moi-même soyons dessaisis. J'ai choisi de moi-même de m'écarter. Mais se débarrasser du doyen des juges d'instruction de Toulouse sera, je l'espère, plus compliqué…

Un prédateur

J'ai déjà expliqué pourquoi, à mon sens, Patrice Alègre est très déterminé à ne pas laisser apparaître sa véritable identité, qui est celle d'un prédateur et non, comme il aime à se présenter, celle d'un tueur impulsif mû par des pulsions sexuelles aussi soudaines qu'inexpliquées et qu'il n'arrive pas à contenir.

Un épisode témoigne qu'il est de ces criminels qui préparent minutieusement leurs actes. Ce dont est soupçonné Patrice Alègre, et qui nous sera révélé par la « victime » après son arrestation, n'est pas pénalement répréhensible, juste très significatif. En 1995, alors que Patrice Alègre est hébergé chez un ami, une mineure du voisinage remarque plusieurs matins de suite qu'un individu la suit lentement sur le chemin du lycée ou s'embusque dans une 205 blanche. Son père décide de piéger seul l'individu qui menace sa fille. Un matin, il a suivi sa fille discrètement et, dès qu'il a vu la voiture, il s'est précipité sur le capot. À travers le pare-brise, il a distinctement discerné le visage du conducteur qui a immédiatement démarré en trombe, le jetant du même coup à terre. Des années plus tard, le père de l'adolescente, lorsque nous lui avons présenté des photos de Patrice Alègre, a été formel.

Patrice Alègre, au cours de sa longue série de meurtres, n'a pas eu un trajet rectiligne. Ses débuts dans le meurtre n'ont pas forcément été brillants. Au fur et à mesure de son parcours, il s'est donc perfectionné. Il a suivi dans la presse l'enquête des policiers. Il s'est adapté. Et il est donc devenu, hélas, plus efficace. Il n'est ni d'une intelligence supérieure, ni sot. Était-il capable d'organiser ses crimes de façon à éloigner tout soupçon ? Aurait-il pu maquiller des meurtres en suicide ? Oui. Après chaque crime, Patrice Alègre a réfléchi un peu plus. D'autres l'ont-ils aidé dans ses mises en scène ? Je reste très prudent face à cette hypothèse, même si dans certains cas, comme celui de l'assassinat de Laure Martinet, plusieurs éléments et témoignages allant dans ce sens sont apparus. Je reste prudent mais il s'agit peut-être de ma part d'une dernière résistance : les faits reprochés à Patrice Alègre sont suffisamment monstrueux pour qu'il ne me soit pas pénible d'envisager en plus des complicités.

Il est vraisemblable que lors du meurtre de Laure Martinet, Patrice Alègre n'a pas agi seul, mais il ne l'a jamais reconnu. Alors pourquoi préserverait-il ses éventuels complices ? Selon moi, c'est tout simplement parce qu'il redoute leurs témoignages à son propos. Ils risqueraient en effet d'aggraver sa situation et surtout de dévoiler les aspects de sa personnalité qu'il veut occulter. Son silence ne peut certainement pas s'expliquer par une quelconque loyauté. Patrice Alègre, je le répète, ne réfléchit qu'en fonction de son intérêt, immédiat ou lointain. Donner ses complices ne lui pose aucun problème moral, il l'a déjà fait. Incarcéré en 2002 à la maison d'arrêt de Villeneuve-lès-Maguelonne, Patrice Alègre a préparé une évasion en compagnie de deux autres détenus. Mais en échange de son immunité, il a dénoncé ses comparses au directeur de la maison d'arrêt, à qui il a même précisé les détails du projet d'évasion… S'il a eu des complices, Patrice Alègre ne peut que penser qu'ils pourraient lui être un jour plus utiles dehors que dedans. Il n'est pas courageux et il l'a prouvé. Mais une tentative d'évasion serait pour lui la seule solution possible pour sortir de prison avant le terme de sa peine. Car Patrice Alègre, depuis qu'il est arrêté, n'a qu'un seul projet : retrouver la liberté.

Comme Guy Georges, il a été condamné à la perpétuité, il devrait donc rester en prison pour le reste de ses jours. Mais Patrice Alègre m'a prévenu clairement et à plusieurs reprises, jouant sur la peine de sûreté de vingt-deux ans à laquelle il a été condamné. Il est persuadé qu'il sortira de prison au terme de sa période de sûreté, c'est-à-dire en 2019 puisqu'il a été incarcéré en 1997, alors qu'en fait la période de sûreté ne correspond qu'à la période pendant laquelle un prisonnier ne peut être libéré sous condition. En 2019, il aura cinquante-deux ans. Patrice Alègre connaît bien la loi française, il sait que pour être condamné à trente ans de sûreté, la peine maximale, il faut qu'il soit reconnu coupable du meurtre d'une mineure, d'un policier, d'un juge, etc. À ce sujet, il a eu cette remarque : « Huit ans, ça compte dans la vie d'un homme ! » Même si toutes les preuves du monde étaient un jour recueillies contre lui, il n'avouerait donc jamais avoir tué un enfant ou une jeune fille s'il s'était rendu coupable d'un tel forfait. Patrice Alègre, bien que déjà condamné à la perpétuité, tient absolument à ne pas être condamné à une peine plus lourde. À l'heure actuelle, selon les textes de loi, le tueur n'a hélas pas tort d'être aussi optimiste. Mais qui peut aujourd'hui jurer qu'il ne sortira jamais de prison ? À partir de la fin de sa peine de sûreté il peut, comme d'autres, déposer des demandes de remise en liberté. Certes, et si d'ici là la loi ne change pas, ses demandes seront examinées par une collégialité de magistrats et d'experts psychiatres.

Patrice Alègre est accroché à la vie qu'il a pourtant enlevée à tant d'autres. Il estime qu'elle est un dû, avec un jour à nouveau la liberté. En prison, il a organisé sa vie de façon qu'elle lui soit la plus douce possible. Ainsi utilise-t-il tous les subterfuges pour améliorer son ordinaire. Dans la mesure du possible, il tente de choisir son lieu de détention : quand il était emprisonné à Mende, il a écrit au juge Lemoine pour s'accuser du meurtre d'une prostituée. Ainsi a-t-il pu revenir à Toulouse. Il y a plus de deux ans, il m'a exposé ses projets : partir en centrale pour y faire sa place (en janvier 2004, il était encore détenu en maison d'arrêt), puis aller en Corse, à Casabianda où il pense pouvoir bénéficier de parloirs sexuels.

Il a prévu d'agrémenter sa réclusion de visites des quelques jeunes femmes tombées sous son charme de tueur en série. Car il en existe. Patrice Alègre a drainé dans le sillage médiatique de son procès des êtres étranges, vraisemblablement eux-mêmes atteints de troubles pathologiques. Une sorte de fan-club dont il a reçu de nombreuses lettres. Patrice Alègre fait le tri : il évite de répondre aux mineures ! Il reçoit également des mandats postaux réguliers de deux cents euros adressés par une riche Suissesse. Patrice Alègre a même sélectionné quelques femmes qu'il a autorisées à venir le voir en prison. Parmi elles, une femme, mariée, mère de plusieurs enfants, plutôt désargentée, qui vit à Bordeaux et a fait le trajet jusqu'à la maison d'arrêt de Villeneuve-lès-Maguelonne, dans l'Hérault, une fois par semaine. Patrice Alègre nous a parlé d'elle comme de son « flirt » et nous a assuré que la maison d'arrêt lui avait demandé de ne pas faire un bébé parloir. Avant elle, une femme, officier de police (!), a envoyé de l'argent à Patrice Alègre et a multiplié les demandes de parloir. Sa hiérarchie s'est toutefois émue de ses démarches.

Avec l'apparition de son « fan-club », le niveau de vie de Patrice Alègre s'est amélioré de façon satisfaisante. Il cantine à prix d'or et il a de quoi vivre confortablement, si tant est que cette notion ait un sens dans les quartiers d'isolement. Patrice Alègre cultive ses souvenirs comme d'autres leur jardin. Souvent il s'est gentiment moqué de moi, remarquant que s'il vivait comme moi, comme un bonnet de nuit, il n'aurait pas de souvenirs. Et de me citer les suites dans les hôtels, les jacuzzis, les fiestas, la drogue, les expériences sexuelles, les beuveries… Patrice Alègre a sa propre définition de l'existence : « La vie, c'est une fête. » Il a conscience d'avoir eu la baraka tout au long de son parcours de tueur. Et il croit toujours en elle.

Je n'exclus pas que Patrice Alègre reste toute sa vie derrière les barreaux. Que toutes ses demandes de mise en liberté soient rejetées les unes après les autres. Que la société soit ainsi définitivement protégée de ce tueur. Car les rapports de plusieurs experts psychiatres ont établi que pour Patrice Alègre, « singulièrement dépourvu d'affect dépressif, et étant donné l'importance des aménagements pervers et narcissiques, le pronostic évolutif apparaît très défavorable ». La justice aura à en décider le moment venu.

10.

Vérités et mensonges

« Le courage, c'est de chercher la vérité et de la dire. »

Jean Jaurès,
« Discours à la jeunesse », 1903.

Tourmente

Septembre 2003. Je suis en vacances. J'ai décidé deux mois plus tôt de partir à la retraite sitôt épuisés les congés auxquels j'ai droit. Les rebondissements de l'affaire me parviennent donc à travers le prisme déformant des médias. La procédure ouverte pour « viols, viols aggravés, proxénétisme en bande organisée et actes de torture et de barbarie » témoigne d'un climat sulfureux. C'est une déferlante, une cascade de revirements, de coups de théâtre, un entrelacs d'affirmations et de contre-affirmations, d'aveux et de désaveux. Florence K… et Christèle B…, principales accusatrices de Patrice Alègre ainsi que de certains notables et magistrats, parties civiles hier choyées par les médias, sont aujourd'hui présentées comme des affabulatrices irresponsables et manipulatrices. Elles dénonçaient les viols et les tortures dont elles auraient été victimes : les journalistes se reprochent *a posteriori* de les avoir crues. La presse fait dans l'autoflagellation, avoue s'être embourbée dans la fange, avoir confondu scoop et calomnie. Puis, dans la foulée, le quatrième pouvoir, dont la crédibilité, et donc la force, est en jeu, relaie aussitôt d'autres accusations, portées cette fois par Florence K… Elle nous accuse, ses anciens avocats et moi, de l'avoir poussée à lâcher le nom de Dominique Baudis.

Certains journalistes sont eux-mêmes gravement mis en cause par ceux de leurs pairs qui ont eu le bon goût de se faire discrets au bon moment. Quasiment tous les journalistes parisiens qui couvraient l'affaire depuis le mois d'avril seront d'ailleurs rappelés dans leur rédaction. Des avocats triomphent : ils reprochent aux médias d'avoir élevé la rumeur au rang d'information, d'avoir « investigué » sans discernement et sans recul, d'avoir complaisamment prêté l'oreille et la plume à des témoins sans moralité. « Des putes, enfin ! » Tout heureux de l'aubaine, ils ne manquent pas, à grand renfort de tribunes médiatiques, de ridiculiser publiquement leurs confrères. Mais que s'est-il passé au juste ?

Le 11 septembre 2003, Dominique Baudis est entendu quatre heures durant en tant que témoin assisté par le juge Perriquet dans le cadre de l'information judiciaire ouverte le 15 avril par le parquet de Toulouse « contre Patrice Alègre et tous autres » pour « viols, viols aggravés, proxénétisme en bande organisée et actes de torture et de barbarie ». Ce statut permet au président du Conseil supérieur de l'audiovisuel d'être accompagné de son avocat, Me Szpiner, et d'avoir accès à l'ensemble du dossier. Il peut donc enfin savoir qui l'accuse exactement et de quoi.

La première de ses accusatrices, c'est Christèle B... : elle affirme alors que Dominique Baudis l'aurait violée en compagnie de Patrice Alègre et de Lakhdar Messaoudène, dans l'appartement de ce dernier, à Toulouse, le 20 novembre 1990. Ce 11 septembre 2003, Dominique Baudis prouve au juge d'instruction qu'il se trouvait à l'Assemblée nationale les 20 et 21 novembre 1990. Christèle B..., malgré tout, maintient ses déclarations et indique que l'ancien maire a pu faire l'aller-retour dans la soirée. Mais elle situe le logement de Lakhdar Messaoudène au treizième étage d'un immeuble : or si ses parents habitaient effectivement dans un appartement à un étage élevé, Lakhdar Messaoudène vivait à un troisième étage. Au sortir de l'audition, Dominique Baudis, tendu mais sûr de lui, parle de « délires, mensonges et affabulations ».

Cinq jours plus tard, coup de théâtre : Florence K... change brutalement d'avocat. Elle congédie Me Catala, son brillant défenseur toulousain, qui l'a défendue et supportée depuis des mois avec rigueur, patience et générosité, ainsi que Me Amar-Touboul qui prêtait mainforte à Georges Catala depuis le début du mois de juin. À leur place, elle désigne Jean-Claude Giudicelli, ténor du barreau toulonnais. Cette volte-face survient à la veille de deux premières confrontations importantes avec ceux qu'elle a accusés : Marc Bourragué, qu'elle appelle « Marcus », qui, d'après elle, l'aurait violée (il s'en défend), et Dominique Baudis. Son nouvel avocat, qui découvre le dossier, ne demande pourtant pas le report des confrontations.

Le lendemain, Florence K… entre donc dans une nouvelle ère. Celle, cette fois, « de la vérité », affirme-t-elle entre deux sanglots aux journalistes qui l'attendent à la sortie du palais de justice. Confrontée à Dominique Baudis, elle avoue le rencontrer alors pour la première fois. Elle déclare n'avoir donc jamais subi de sévices de sa part. Elle s'excuse de l'avoir impliqué dans cette affaire sordide. La lecture de la presse m'apprend le lendemain que Florence K… a accusé Christèle B…, ses anciens avocats et surtout moi de lui avoir soufflé le nom de l'ancien maire de Toulouse lors de ses auditions. Je reviendrai sur ses accusations me concernant. Mais je me dois de préciser d'abord que voir Florence K… accuser Christèle B… de manipulation me fait tristement sourire. Car s'il était un danger contre lequel nous l'avions mise en garde, c'était bien celui-là ! Combien de fois lui ai-je dit, y compris devant Christèle B…, qu'elle ne devait pas se rallier à une cause si elle n'était pas la sienne ! Elle n'est pas idiote : à un moment, elle a choisi son camp, celui de Christèle B…

Au sortir de la confrontation, l'accusé d'hier, Dominique Baudis, a le triomphe modeste et élégant. Son avocat, Me Szpiner, se charge du reste : il demande à la justice une enquête sur les manipulations dont Florence K… dit avoir été la victime. Il réclame, entre autres, que les juges toulousains examinent avec soin les listings de communication des téléphones portables de Florence K... et de Christèle B..., afin de déterminer avec qui elles ont été en contact. Dans *Le Parisien* du 21 septembre 2003, j'apprends aussi qu'« il compte également réclamer la même analyse concernant un gendarme de la cellule Homicide 31 ». Mais il ne parle pas à ce moment-là d'attaquer Florence K... en diffamation, contrairement à ce qu'il a fait pour Christèle B... quand elle a manipulé « Djamel ». Le nouveau conseil de Florence K..., Me Giudicelli, m'accuse encore plus directement, même s'il ne me cite pas nommément : « Le gendarme qui avait la paternité de cette enquête à l'origine, affirme-t-il aux médias, a utilisé, instrumentalisé, manipulé ma cliente en lui suggérant de mettre en cause M. Baudis. On appelle ça aussi de la manipulation mentale ou de la manipulation procédurale. » Rien que ça ! La manipulation mentale : une des techniques de base des sectes les plus pernicieuses. Me voilà donc promu grand organisateur d'une entreprise de déstabilisation de Dominique Baudis à qui je n'ai jamais eu à faire directement. Florence K... m'accuse carrément de l'avoir poussée à mettre en cause l'ancien maire de Toulouse et de lui avoir soufflé le surnom de « Nénette » dont il aurait été affublé. Elle attaque tous azimuts « l'adjudant Roussel », « ses anciens avocats » et « la justice pourrie »...

Après les accusations de Florence K... et les déclarations tonitruantes de son avocat, le directeur général de la gendarmerie, Pierre Mutz, a pris ma défense dans

Le Monde du 23 octobre 2003 : « Nous avons des instances disciplinaires auxquelles tout citoyen a accès. Or personne ne l'a fait. Je n'ai pas l'impression que les gendarmes aient quoi que ce soit à se reprocher. » Mes supérieurs me contactent ensuite très courtoisement afin de savoir si je compte déposer plainte. Je les rassure : porter plainte contre qui ? Contre Florence K… ? Certes, ses accusations me blessent : elle est bien placée pour savoir que jamais je n'ai « dirigé » une de ses auditions, ni tenté d'influencer son témoignage. Mais comme le nageur qui se noie, elle est prête à enfoncer celui qui nage à côté d'elle pour s'en sortir. Je ne l'excuse pas, mais je n'ai pas l'habitude de m'attaquer à plus faible que moi. Tout au long de cette enquête, j'ai de surcroît toujours gardé en tête l'hypothèse que Florence K…, Christèle B…, Nadia C…, Isabelle L… ou d'autres pourraient se retourner un jour contre moi si cela pouvait éventuellement les sortir d'un mauvais pas.

Car c'est bien moi qui les ai contraintes à exhumer leur passé violent et douloureux qu'elles avaient réussi jusque-là à dissimuler. Christèle B… et Florence K… ne sont pas venues à nous, je le rappelle, pour déballer toute leur histoire. À cause de l'enquête sur le meurtre de Line Galbardi, nous les avons cherchées, trouvées et « bousculées » pour qu'elles racontent à la justice ce dont elles avaient été témoins.

Porter plainte contre son avocat ? Je n'ai pas eu l'envie de le rejoindre de cette façon sur le terrain du règlement de comptes. En septembre, j'appartenais encore à la gendarmerie, même si je comptais les jours qui me séparaient de mon départ à la retraite et qui annonçaient ma liberté bientôt retrouvée. Je n'ai pas souhaité céder à la provocation ni mettre ma hiérarchie dans une situation délicate : avoir à assumer la plainte de l'un de ses enquêteurs contre l'avocat d'un témoin qu'il a longuement entendu sous la responsabilité de la justice. Je regrette simplement que Me Giudicelli appartienne à cette catégorie d'avocats qui parlent avant de réfléchir, sans se demander si sa stratégie se révèlera vraiment payante pour sa cliente, une mère de jeunes enfants qu'il a exhibée devant toute la presse. À l'inverse, à la Cellule, nous avions fait en sorte de préserver son anonymat afin, d'abord, de protéger ses enfants. L'exigence subite de Me Giudicelli d'une protection pour Florence K… est d'autant plus extravagante que la première et la meilleure des protections reste la discrétion. Ignorait-il que la justice et la gendarmerie avaient déjà mis en œuvre la protection, bien réelle, des témoins ?

Me Szpiner, avocat de Dominique Baudis, a bien vite emboîté le pas à son confrère. Je passe sur les « interrogations » de ce grand nom du barreau parisien quant à une éventuelle manipulation que j'aurais orchestrée. Mais je m'arrête sur ce qui pourrait être un stratagème d'avocat habile. En demandant à la justice des investigations concernant les téléphones portables « d'un gendarme de la cellule Homicide 31 », n'a-t-il tout simplement pas cherché à obtenir légalement certains renseignements qui lui manquaient ?

On dirait le Sud…

Bien sûr, je me pose des questions comme tout le monde : Christèle B… et Florence K… ont-elles menti ? Parfois. Combien de fois ? Je l'ignore. On ne peut pas réécrire l'histoire. Certes, nous aurions pu effectuer plus d'écoutes téléphoniques. J'aurais pu systématiquement enregistrer les propos tenus devant moi et je n'aurais pas dû recueillir seul certains témoignages. Sauf que, au vu de l'emploi du temps de chaque enquêteur de la Cellule et de nos effectifs, c'était matériellement impossible ! Gilles Wispelaere, fidèle enquêteur de la Cellule, me conseillait régulièrement de tout noter, et je ne trouvais pas toujours le temps nécessaire pour le faire. Il était normal que j'assume la plus grosse charge de travail en tant que directeur d'enquêtes, mais je n'avais déjà plus le temps de manger, à peine celui de dormir. Alors écrire ! Ce qui est vrai, c'est que Christèle B… est apparue dans le dossier bien avant Florence K… Et qu'au début des auditions de Florence K…, elles n'étaient pas solidaires, loin s'en faut. J'ai eu conscience, dès qu'elles ont épousé la même cause, que l'une était capable de mentir pour soutenir l'autre, et réciproquement. Elles ont donc vraisemblablement eu un intérêt en commun à un moment donné. On m'a reproché de leur avoir permis de se revoir pour la première fois depuis les années 90. C'est totalement faux, puisque je rappelle qu'elles s'étaient déjà retrouvées plusieurs fois devant le juge Lemoine qui souhaitait les entendre à propos du dossier Line Galbardi.

Dominique Baudis a donc été innocenté par Florence K… Aujourd'hui, je n'ai pas davantage de raisons qu'hier de douter de la parole de Florence K… Elle m'a menti au sujet de l'ancien maire de Toulouse, ainsi qu'aux enquêteurs et aux juges d'instruction. Reste à savoir pourquoi. Mais rien ne prouve qu'elle ait également menti en ce qui concerne le meurtre de Line Galbardi et ses relations avec Patrice Alègre ou encore avec Marc Bourragué. Si l'honneur de Dominique Baudis a été outrageusement sali, il ne faut pas oublier qu'il est d'abord question de meurtres.

À ce stade d'un épisode qui n'a fait qu'affaiblir toutes les enquêtes de la cellule Homicide 31, je ne peux que constater certaines curiosités. Le 30 mai 2003, devant Serge Lemoine, Patrice Alègre avoue les meurtres de Line Galbardi et de Claude Martinez. Il est visiblement nerveux, ses avocats également. Le juge Lemoine, lui, tâche de détendre l'atmosphère. Pour les avocats de Patrice Alègre, c'est une bombe que leur client s'est décidé à lâcher. Patrice Alègre, comme à son habitude, reconnaît sommairement les deux meurtres. Il en indique les commanditaires et ajoute quelques vagues détails. Au début des aveux, nous espérions qu'il laisse enfin parler sa conscience. Mais, finalement, il manque l'essentiel : il n'a rien dit que la presse n'ait déjà relaté ou qu'il n'ait pu apprendre de la bouche d'autres témoins. En clair, une fois de plus, Patrice Alègre tente de nous mener en bateau et se préserve la possibilité de se rétracter. L'avenir me donnera malheureusement raison. Le 1er juin, il réitère ses aveux dans une lettre à Karl Zéro, et met en cause un réseau sadomasochiste qui aurait rassemblé des notables toulousains. Dans ce courrier rendu public par l'animateur de Canal +, je retrouve pratiquement mot pour mot ses déclarations devant le juge. Le 19 juin, dans une lettre adressée au procureur, il se rétracte, expliquant avoir avoué sous ma pression conjuguée à celle de ses avocats, Pierre Alfort et Laurent Boguet, et du juge d'instruction… Quelques jours après son revirement, Me Collard, du barreau de Marseille, entre dans le dossier, évinçant ainsi Mes Boguet et Alfort, avocats de Patrice Alègre depuis six ans.

Mes Collard et Giudicelli, le nouveau conseil de Florence K…, se connaissent bien, depuis de longues années. En 1989, ils ont défendu ensemble Joëlle Pesnel qui a été condamnée à treize ans de prison pour avoir séquestré et escroqué Suzanne de Canson, dont elle était la dame de compagnie. Me Giudicelli est un défenseur réputé au barreau de Toulon. Il a été l'avocat de Lucien Ferri, l'un des assassins de la députée UDF Yann Piat, tuée en 1994, et de Franck Perletto, qui passe pour être l'un des chefs de la pègre varoise. Le 12 décembre 2002, Christèle B… a justement précisé que Franck Perletto lui aurait trouvé à l'été 1991 une place de « serveuse prostituée » à Saint-Laurent-du-Var en accord avec Patrice Alègre. Vrai ou faux ? Nous n'avons pas eu le temps de le vérifier. Mais Christèle B…, en tout cas, désigne Franck Perletto bien avant l'apparition de Me Giudicelli aux côtés de Florence K… Elle décrit Patrice Alègre au contact du milieu marseillais, ce que des témoignages de Patrice Alègre lui-même et de certains de ses amis ont confirmé.

Je ne tire aucune conclusion de cette brusque arrivée de brillants avocats du sud de la France, mais je m'interroge quant au drôle de parfum de pègre qui émane d'un seul coup de l'affaire Alègre. Est-ce une piste ? Ou bien un chiffon rouge habilement et soudainement agité devant la presse toujours aux aguets ? Le 19 septembre, *Le Figaro* publie le texte d'une lettre du directeur de la maison d'arrêt de Seysses au Garde des sceaux, avec copie au juge Lemoine, dans laquelle il s'inquiète du comportement inhabituel de Patrice Alègre : « Ce détenu qui habituellement sort quasi quotidiennement en cour de promenade (y compris pour réaliser des exercices sportifs) a interrompu son rythme de sortie. Depuis le 19 juillet 2003, il n'est sorti que sept fois et a connu une grande période d'interruption entre le 25 juillet et le 17 août, période durant laquelle il n'est absolument pas sorti (...). Interrogé, Patrice Alègre a affirmé ne pas faire l'objet de quelconques pressions ou menaces. » Mais le directeur de la maison d'arrêt fait part de ses réserves au juge d'instruction et au ministre de la Justice : « J'attire votre attention sur le fait que le détenu Payet Pascal a été écroué dans le même établissement le 19 juillet 2003 en provenance de la maison d'arrêt de Grasse. Aucun élément d'information pénitentiaire ne permet d'établir que les deux détenus se soient déjà croisés au sein d'une enceinte carcérale ou qu'ils se connaissaient avant l'incarcération. Néanmoins les sorties en promenade du détenu Alègre ont commencé à s'espacer puis se sont suspendues vingt jours, depuis l'arrivée de ce détenu... »

Pascal Payet, cité dans la lettre du directeur de la maison d'arrêt de Seysses, est lui aussi une vedette du milieu marseillais. Âgé de quarante ans, il a été arrêté en mai 2003 dans le Vaucluse en compagnie de Franck Perletto. Il aurait organisé la triple évasion de la maison d'arrêt de Luynes dont il s'est lui-même évadé en hélicoptère en octobre 2001. Lorsque les médias se sont interrogés sur le choix de Me Collard, ils ont appris que Patrice Alègre l'aurait choisi sur les « conseils » d'un autre baron du milieu marseillais, Raymond Mihière, alias « le Chinois », brièvement détenu, comme Patrice Alègre, à la maison d'arrêt de Seysses. Selon plusieurs médias, « le Chinois » aurait même écrit à Me Collard, en lieu et place de Patrice Alègre, pour lui recommander son voisin de cellule. Juste avant d'être débarqué du dossier, Laurent Boguet confiait à quelques journalistes qu'il trouvait son client « très changé », qu'il lui faisait l'effet « d'un homme qui a peur ».

En résumé, Patrice Alègre et Florence K... ont brutalement remercié leurs avocats toulousains, en qui ils semblaient avoir toute confiance, pour recruter des défenseurs d'un autre style, des avocats que s'arrachent les milieux marseillais et varois. Comment Florence K... a-t-elle « choisi » Me Giudicelli ? Patrice Alègre aurait-il pu avoir des liens éventuels avec la pègre du Sud ? Cela fait partie des hypothèses de travail sur lesquelles nous n'avons pas eu assez de temps et de moyens pour enquêter. Nous concentrions toute notre énergie sur les meurtres. Des éléments annexes étaient certes recueillis, mais uniquement dans le but d'apporter d'éventuelles précisions sur des homicides. La nature même des autres infractions ne nous concernait pas directement, nous ne pouvions nous disperser.

Un autre témoin

Ce 11 septembre, après avoir blanchi Dominique Baudis le matin, Florence K… renouvelle ses accusations contre Marc Bourragué l'après-midi. Dans le bureau du juge Perriquet, elle tutoie le magistrat, lui rappelle qu'elle aurait été sa maîtresse durant de nombreuses années, qu'il lui aurait fait subir de nombreux sévices sexuels. Marc Bourragué la vouvoie, l'appelle « Madame », et affirme ne l'avoir jamais rencontrée auparavant, et n'avoir jamais eu de relations sexuelles avec des prostituées. Florence K… dit-elle vrai ou ment-elle à nouveau ? Nadia C…, une autre prostituée, a par ailleurs affirmé avoir eu un magistrat comme client, une nuit, lors d'un rendez-vous organisé par Lakhdar Messaoudène, son proxénète de l'époque.

Quant aux accusations portées à mon encontre, j'aimerais que ceux qui ont affirmé que j'avais manipulé Florence K… pour lui arracher le nom de Dominique Baudis aillent plus loin dans leur raisonnement. Ont-ils tenté de comprendre pourquoi j'aurais fait preuve d'un tel acharnement envers un homme que je ne connais pas ? Penchent-ils pour une banale « revanche de classe », celle du petit enquêteur envers un notable ? D'autres, visiblement, préfèrent arguer de ma « naïveté », pour ne pas dire de ma stupidité : j'aurais été manipulé par Florence K... comme par Christèle B... Un gendarme trop gentil, empli de compassion pour ces deux témoins. En somme, un enquêteur quelque peu limité intellectuellement. Je note que ceux qui me décrivent de façon aussi peu flatteuse sont les mêmes qui hier m'encensaient, quand la gendarmerie me poussait à communiquer. Tout le monde a le droit de changer d'avis ! Mais il est temps pour moi de mettre les choses au point : bien que ces accusations soient grotesques, je souhaite y répondre avec l'objectivité de l'enquêteur. Oublions un instant Christèle B... et Florence K..., qui sont aujourd'hui considérées comme des menteuses.

Un témoin supplémentaire a cité le nom d'un notable devant d'autres enquêteurs mais aussi devant des journalistes de télévision. Ce témoin a-t-il été, à un moment ou à un autre, et de quelque façon que ce soit, en contact avec moi ? La réponse est non. Je ne l'ai jamais vu, je ne lui ai jamais parlé au téléphone. Ce témoin est-il resté à l'écart des autres personnes citées dans l'affaire et qui auraient pu l'influencer ? La réponse est très vraisemblablement oui, rien n'ayant fait apparaître le contraire. Ce nouveau témoin, alors, ment-il aussi ? C'est une hypothèse de travail qu'il ne faut pas exclure. Mais dans ce cas, pourquoi ? Qui l'aurait, à son tour, manipulé ?

Malheureusement, ses déclarations n'ont pas été actées. Ce témoin se nomme Nathalie A... Dans les années 90, encore mineure, elle faisait le trottoir à

Toulouse pour le compte de Lakhdar Messaoudène qui l'aurait, selon elle, violée. À la différence des autres témoins, Nathalie A… est issue d'un milieu social favorisé et ses parents se sont constitués partie civile contre son agresseur. Nathalie A… a été entendue par deux enquêteurs dans le cadre du dossier Line Galbardi. En juin 2003, Nathalie A… déclare qu'en 1991 elle aurait vu un des notables cités par les autres témoins et Lakhdar Messaoudène à la même table d'un restaurant. Lors de son audition, elle ne fait que relater ce fait et ne porte aucune accusation. Mais les officiers de police judiciaire ont reçu des ordres stricts de la hiérarchie : ils appartiennent au groupe Homicide 31, et ils ont donc interdiction d'acter ce qui concerne le dossier traitant de « viols, viols aggravés, proxénétisme en bande organisée et actes de torture et de barbarie » dans lequel sont mis en cause policiers et notables. Ils obéissent aux ordres et ne transcrivent pas cette partie de l'audition de Nathalie A… mais ils m'en parlent.

Un soir, lors d'une réunion dans le bureau du lieutenant-colonel, je demande pourquoi cette audition n'a pas été actée en totalité. Le patron de la deuxième équipe hausse les épaules. Peut-être espère-t-il éviter des ennuis à la Section de recherche ? Mais nous apprenons que Nathalie A… a donné une interview qui, en janvier 2004, n'a toujours pas été diffusée, à une équipe de télévision. Qu'a-t-elle dit ? A-t-elle déclaré qu'une partie de son témoignage n'avait volontairement pas été prise en compte par les gendarmes qui l'ont entendue ? Impossible d'en être sûr, et, cette fois, la Section de recherche est très soucieuse : quelle image d'elle-même la gendarmerie va-t-elle donner ? Le lieutenant-colonel et ses adjoints changent d'optique : il faut très vite rattraper le coup ! Ils prévoient donc d'envoyer d'urgence un de mes hommes et un enquêteur de l'équipe Mouret entendre à nouveau Nathalie A... Mais c'est le week-end. Aucun des quarante ou cinquante enquêteurs de l'autre équipe ne semble disponible ! Finalement, l'audition est annulée. En présence du capitaine et du juge d'instruction, un des deux enquêteurs confirmera avoir obéi aux consignes, très claires, de sa hiérarchie. Le capitaine a toutefois affirmé n'avoir jamais ordonné de ne pas acter la totalité d'un témoignage, que ce soit celui de Nathalie A... ou d'un autre témoin, y compris concernant la deuxième enquête.

On m'a beaucoup reproché de transcrire totalement les déclarations des témoins dans des procès-verbaux destinés aux magistrats. D'après moi, à l'inverse, ne pas le faire reviendrait à mépriser la loi ainsi que les devoirs d'un officier de police judiciaire, mais surtout, cela risquerait de nuire aux personnes éventuellement mises en cause, qui ne pourraient alors pas se défendre. Tout enquêteur, dont le rôle n'est rien d'autre que celui d'une courroie de transmission entre les personnes entendues et la justice, doit au contraire s'astreindre à cette obligation immuable. Car les magistrats, ainsi, peuvent ordonner des auditions et des expertises pour départager le vrai du faux. Au sujet de la déposition de Nathalie A..., cette procédure n'a donc pas été respectée et la justice s'est trouvée atteinte. Ces déclarations ont néanmoins bel et bien été entendues par plusieurs personnes dont des journalistes. Comment savoir désormais si Nathalie A… a dit vrai, si elle a menti, et si elle a été manipulée ?

Dominique Baudis, un leurre ?

J'ignore si Dominique Baudis a eu raison de révéler lui-même, le 18 mai 2003, qu'il était mis en cause dans cette affaire. J'estime que son devoir était de se défendre d'abord devant la justice, avant de paraître dans les médias. Mais je peux imaginer les raisons qui ont pu le pousser à prendre la parole. Je suis loin d'être un connaisseur du monde politique, mais je conçois aisément que lorsque Dominique Baudis a appris que son entourage politique et amical, dont Philippe Douste-Blazy, avait été informé de sa mise en cause avant lui, en ancien journaliste, en ancien député-maire de Toulouse, il a pu croire que la nasse pouvait se refermer.

Dès le 18 mai 2003 tous les regards ont convergé vers lui. Il s'est défendu personnellement et par l'intermédiaire de son avocat, avec acharnement et parfois maladresse. J'étais beaucoup trop occupé par mon enquête pour me tenir informé de toutes les déclarations des uns ou des autres dans les médias. Mais dès que « l'affaire Baudis » a éclaté au grand jour, le travail des enquêteurs sur les meurtres a été laminé par une vague de fond irrépressible. « L'affaire Baudis » est venue enfouir la véritable affaire Alègre dans une sorte de brouillard opaque qui n'est toujours pas dissipé aujourd'hui. Ce brouillard dissimule une réalité sordide, celle de crimes de sang. Et aujourd'hui je m'interroge : Dominique Baudis a-t-il été l'arbre utilisé pour cacher la forêt ? Son implication brutale dans un dossier sulfureux a-t-elle été un leurre, destiné d'abord à entraîner les enquêteurs puis la justice et ensuite la presse, et donc l'opinion publique, loin d'une réalité beaucoup plus gênante ?

Pourquoi des magistrats de haut rang ont-ils rendu publiques les accusations dont ils faisaient l'objet et dont ils sont présumés innocents ? Pourquoi ce choix, alors qu'ils ne pouvaient ignorer les répercussions d'une telle médiatisation sur les investigations concernant des meurtres ? Pourquoi ont-ils opté pour une attitude qui risquait de gêner le travail de leurs pairs et notamment celui du doyen des juges d'instruction, Serge Lemoine ? D'autres magistrats, se sachant cités dans la procédure, se sont bien gardés de réagir de la même façon. Ils ont ainsi préservé leur anonymat sans que cela les prive du droit de poursuivre les auteurs d'accusations mensongères. Ce faisant, ils ont respecté l'institution pour laquelle ils travaillent.

« L'affaire Baudis » est-elle arrivée à point nommé pour que n'apparaisse jamais la vérité ? La France a-t-elle eu peur de se voir comparée à la Belgique de l'affaire Dutroux ? Quelques-uns ont-ils décidé de jouer un va-tout démoniaque, espérant ainsi que jamais ne soient atteints tous ceux – policiers, gendarmes, magistrats – qui pourraient avoir été, au moins en partie, responsables de l'incroyable chance dont Patrice Alègre a bénéficié tout au long de sa longue, très longue carrière de tueur ? En janvier 2004, Marc Bourragué fait toujours l'objet d'accusations. Plusieurs policiers ont été mis en cause par des témoins, notamment pour avoir racketté certaines prostituées et pour avoir été peu regardants sur les agissements de proxénètes, dont Lakhdar Messaoudène et Patrice Alègre. Depuis des mois, l'hypothèse du leurre Baudis a fait son chemin dans mon esprit. Elle n'est qu'une hypothèse. Aujourd'hui, je n'ai qu'une crainte : que les enquêtes concernant les crimes commis par Patrice Alègre meurent de leur laide mort en étant refermés définitivement.

11.

Les derniers jours d'un gendarme…

> « Mieux vaut laisser aux gens le remords de vous avoir grugé que le regret de vous avoir comblé. »
>
> Marcel Jouhandeau, *Journaliers*.

Mes dernières semaines au sein de la gendarmerie nationale ont été émaillées de moments difficiles mais aussi d'épisodes révélateurs ou savoureux. Je relate ces anecdotes dans ce dernier chapitre. Elles me concernent, et j'estime être aujourd'hui un homme libre de dire ce qu'il a vécu.

Accusé

Au soir de l'audition au cours de laquelle Florence K… a porté contre moi de graves accusations, je reçois un coup de téléphone du lieutenant-colonel Henry. Il me rapporte la substance des propos de Florence K… dont les médias n'ont pas parlé. Elle aurait dit m'avoir accusé parce que je ne l'aurais pas soutenue dans les moments difficiles qu'elle a vécus. Le lieutenant-colonel me témoigne du soutien de la gendarmerie, ainsi que du procureur Bréard et du procureur général Barrau, puis me fait comprendre qu'à la suite de ces accusations le juge Perriquet pourrait souhaiter m'entendre de façon exceptionnelle dans le cadre de la seconde procédure. Je le rassure, je suis en congés et à disposition de la justice !

Deux jours plus tard, le lieutenant-colonel, qui a vu entre-temps le juge Perriquet, me propose cette fois de me lire l'audition de Florence K… pour que je puisse répondre à ses accusations devant le juge. Selon moi, cette démarche a alors un double but : d'abord me montrer que je suis soutenu par ma hiérarchie et ensuite me pousser à témoigner d'une prétendue rancœur à l'égard de Florence K… afin de la fragiliser encore plus. Je réponds à mon supérieur qu'il convient d'être prudent en vérifiant d'abord que le juge Perriquet compte bien m'entendre et, le cas échéant, en s'assurant très officiellement qu'il est d'accord pour que je lise l'audition de Florence K… Il ne me paraît en effet pas tout à fait habituel qu'un témoin, fût-il gendarme, prenne connaissance des accusations proférées contre lui ! Le terme « très officiellement » fait vraisemblablement son effet : le lieutenant-colonel ne me réitérera pas son offre.

Lorsque je passe à la Cellule, l'ambiance me semble changée : mes gars sont heureux de me voir, mais les nouveaux enquêteurs récupérés sur le staff de la Section de recherche paraissent gênés. Les « historiques » me racontent que, dorénavant, ils ont interdiction de voir seuls un magistrat : le capitaine les escorte ! J'apprends aussi qu'il a été décidé de travailler sur les dossiers Line Galbardi, Claude Martinez, puis Hadja Ben Youssef et peut-être un quatrième à déterminer avant de fermer la Cellule. Les enquêtes restantes seront traitées par la Section de recherche alors que, depuis 1996, le dossier Escadeillas y est toujours en berne.

Le 3 octobre, je reçois une convocation du juge Perriquet. Cherchant à joindre le lieutenant-colonel qui m'a laissé un message, je tombe sur un supérieur qui me donne la liste des questions que le juge doit me poser ! Qui m'a donné le répertoire téléphonique sur lequel Florence K… a coché les noms des magistrats qu'elle accusait ? Qui a ajouté sur cette liste les descriptions physiques des personnes mises en cause ? De quelle bouche sort le surnom de « Nénette » semblant désigner Dominique Baudis ? Il ajoute que le juge lui a précisé que si je répondais de façon lapidaire, par « oui » ou par « non », il n'aurait pas besoin d'aller plus loin et notamment d'entendre des magistrats.

Départ

Le 6 octobre, j'annonce au juge Lemoine mon prochain départ à la retraite, qu'il est ainsi le premier à apprendre. La nouvelle le laisse d'abord sans voix. Il veut savoir si j'ai bien réfléchi, si je n'agis pas sur un coup de tête. Je le rassure et lui expose la réalité : je ne peux plus acter l'audition d'un témoin prêt à me parler parce qu'il me fait confiance. Quelle valeur aurait dorénavant une telle audition ? Elle serait immédiatement attaquée, sujette à caution. Je n'apporte plus rien à la Cellule, au contraire, je l'affaiblis. Il est temps d'arrêter ça. Puisque je ne peux plus être utile en restant, que je le sois en partant. Le juge Lemoine comprend. Je lui rappelle une phrase qu'il m'a dite quelques mois plus tôt : si certains pouvaient couper nos têtes, ils ne s'en priveraient pas. Aujourd'hui, je préfère servir de fusible, et qu'il puisse continuer à travailler plus sereinement…

J'informe ensuite le substitut Heinisch. Il a la même réaction que le juge Lemoine, s'inquiétant d'abord de savoir si je n'agis pas sur un coup de tête. Puis il me renouvelle sa confiance. Je passe ensuite à la Cellule pour annoncer la nouvelle à mes camarades. Jean-Jacques Quoniou, Christophe Moireau, Bernard Morin, Éric Jézéquel, Stéphane Bonillo sont présents. Ils ouvrent de grands yeux. Certains, qui me connaissent bien, ne sont pas vraiment surpris : mes vacances ont été longues, je n'ai pas pris contact avec eux, ce qui n'est pas mon habitude. Ils me donnent des conseils d'amis, s'inquiètent pour mon avenir… Et me mettent au courant des dernières mesures concernant la Cellule.

Le capitaine a créé deux équipes de cinq hommes, une sous la direction de Bernard pour traiter l'affaire Martinez, l'autre dirigée par Philippe Dassibat pour l'affaire Galbardi : dix hommes, ce n'est pas mal. Dans ce schéma, je ne suis que l'un des enquêteurs de l'équipe Martinez. Mes craintes étaient donc fondées, je ne suis plus directeur d'enquêtes ! Certains camarades, dont André Aymerich, sont toutefois montés au créneau pour rappeler que je suis le seul à connaître l'ensemble des dossiers depuis des années. Le capitaine a fait légèrement machine arrière, précisant que je dois également être mandaté pour « clôturer » les dossiers restants. J'ai ainsi la confirmation que l'analyse qui m'a poussé à prendre ma retraite anticipée était la bonne !

J'appelle enfin le lieutenant-colonel pour le prévenir de mon départ. Aucun membre de ma hiérarchie n'est encore au courant. Sa réponse fuse immédiatement : il craint que j'écrive un livre. Pour toute réponse, je lui précise que j'en suis à écrire aux familles des victimes afin qu'elles n'apprennent pas mon départ par la presse, et qu'il importe donc que cette information ne soit pas transmise aux médias. Ce ne sera malheureusement pas le cas.

Audition

Le matin de mon audition, le 9 octobre 2003, je me réveille avec France Inter qui annonce dès 7 heures que je vais être entendu dans l'après-midi par le juge Perriquet... Je passe la matinée avec le colonel Sevilla, mon ancien patron à la cellule Homicide 31. Devant le café et les croissants, il tente d'abord de me faire revenir sur ma décision de partir à la retraite. Au fur et à mesure de notre discussion, il comprend que je ne changerai pas d'avis. Et lui, qui a suivi les infos du matin, me prodigue alors des conseils utiles, des conseils de « soldat », avant mon audition. Il se dit bien placé pour savoir que je n'ai jamais été un électron libre puisque j'ai travaillé sous ses ordres. Je suis un officier de police judiciaire de la gendarmerie, j'ai mené des enquêtes judiciaires sous le contrôle de ma hiérarchie et des magistrats. Sages conseils car, effectivement, quelques heures plus tard, dans le cabinet du juge, je serai obligé de rappeler ces « détails » : je n'ai jamais travaillé seul, mais sous le contrôle de ma hiérarchie et en phase avec les magistrats de l'instruction et du parquet. Je ne peux donc répondre aux questions du magistrat par « je », mais par « nous ». Ayant lu le compte rendu de cette audition dans la presse et puisqu'elle me concerne, je l'évoque librement.

Quand j'entre dans son bureau, je découvre le juge Perriquet que je n'ai jamais rencontré. Sa poignée de main est franche. Je lui explique qu'après avoir entendu France Inter le matin, j'ai décidé de venir en tenue, pour affronter les « chasseurs d'images ». Le juge semble un peu gêné et m'explique que, la veille, une autre radio a même diffusé les questions qu'il compte me poser ! Un adjoint du procureur Bréard assiste à l'audition à la demande du juge d'instruction.

Ses questions sont précises. Ai-je mis Florence K… et Christèle B… en relation téléphonique tel jour à telle heure ? Je comprends vite pourquoi cette question l'intrigue : Florence K… et Christèle B… ont relaté deux versions différentes de ces coups de fil. Laquelle ment ? J'explique au juge que les deux disent vrai : il y a eu deux coups de téléphone, à mon initiative. Le premier, que j'ai déjà raconté, a eu lieu avant que Florence K… accepte de regarder l'album photos des magistrats. Pour le second, nous étions alors avec Christèle B..., près de la maison du lac de Noé où, selon elle, Patrice Alègre aurait tué une prostituée.

Puis le juge me donne lecture du témoignage de Florence K... concernant l'apparition du nom de Dominique Baudis dans la procédure. Elle affirme que je l'ai poussée à incriminer l'ancien maire de Toulouse et que je lui ai de surcroît « soufflé » le surnom de « Nénette ». J'explique au juge que la première personne à avoir cité Dominique Baudis est Christèle B... et que c'est elle qui m'a appris ce surnom. Je ne l'ai jamais répété à Florence K..., même par inattention : cela aurait été une grossière erreur. Je ne crois pas non plus que Florence K... ait pu l'entendre par hasard, en prêtant l'oreille dans les locaux de la Cellule.

Thierry Perriquet me pose la même question concernant l'apparition de Marc Bourragué dans le dossier, et de son surnom « Marcus ». Cette fois, c'est Florence K... qui en a parlé la première. Il me demande ensuite ce que je pense d'une affirmation de Florence K... selon laquelle elle pensait que j'étais un ami. Je ne peux que répondre que je n'ai pas de relations amicales avec les témoins dans une affaire criminelle mais que, pour obtenir un témoignage d'une personne menacée, craintive, au passé douloureux, il faut savoir la mettre en confiance. C'est ce que j'ai fait. Quand j'hésite sur certaines dates, le procureur adjoint intervient et confirme ou complète mes propos.

Le juge me questionne ensuite à propos du reproche que m'ont fait certains de ne pas avoir vérifié tout ce que j'ai écrit. C'est vrai. Mais je lui rappelle qu'avant de pouvoir vérifier, il faut bien retranscrire les témoignages et coucher par écrit les éléments de l'enquête. Quant à vérifier dans la foulée, c'était impossible ! Nous étions six enquêteurs en moyenne pour vingt-six saisines juridiques ! Le juge Perriquet me reprend alors, étonné, avant que le représentant du parquet confirme qu'il s'agissait bien de la charge de travail de la cellule Homicide 31. À cet instant, devant la mimique du juge Perriquet, je comprends que personne ne lui avait donné cette information auparavant.

À la fin de l'audition, je demande au juge l'autorisation de réagir aux accusations dont j'ai fait l'objet. Je déclare alors, sur procès-verbal, que je n'ai fait que mon métier : j'ai identifié, cherché et trouvé les témoins des crimes, j'ai recueilli et acté la totalité de ce qui m'était dit, parce que c'était mon devoir. Enfin, je n'ai rien eu à vérifier, puisque cette mission ne m'a pas été confiée.

Fin

Le 13 octobre, je prends un café avec Jean-Jacques Quoniou, enquêteur historique de la Cellule. Il a un ordre à exécuter : le capitaine lui a demandé de récupérer les lettres que j'ai envoyées aux familles. Cette fois, c'est trop. Puisqu'il a un ordre, je lui dis ce qu'il y a dans les lettres, pour qu'il puisse rassurer la hiérarchie. Mais ce sont des courriers personnels, il n'y a aucune raison pour qu'ils soient transmis à la gendarmerie ! Nous finissons notre café et passons à la Cellule.

J'y croise un supérieur qui me réitère cette demande. Je m'y oppose à nouveau mais je le rassure : dans mes lettres je n'attaque pas ma hiérarchie. Il insiste : quand j'ai rédigé les trois premières lettres, j'étais encore sous les drapeaux. Il a raison mais j'estime que ces courriers sont personnels, ils ne concernent que les familles de victimes et moi. Finalement, il élude le sujet et passe à autre chose alors que nous sommes dans le bureau de Jean-Jacques avec d'autres enquêteurs. Il veut savoir quels sont les dossiers qui pourraient être classés rapidement. Je suis contraint de lui répondre que ce n'est le cas d'aucun d'entre eux ! Il y a deux catégories de dossiers à la Cellule : ceux sur lesquels nous avons travaillé, progressé, découvert des éléments nouveaux, et qu'il faut absolument mener à leur terme. Et puis il y a ceux sur lesquels nous n'avons pas eu le temps de travailler. Mais si Homicide 31 les a récupérés, c'est parce que des éléments de victimologie, de géographie, de commission des faits, sont intéressants, et les magistrats partagent cet avis. Il faut donc faire maintenant ce que nous n'avons pas pu réaliser ! Ils sont tous à garder, il n'y en a aucun à jeter !

Sa réponse me laisse alors penser qu'il ne suivra pas cette recommandation. Selon lui, le dossier Lazzari est déjà reparti. Les dossiers Mortesagne, Nayral de Puybusque, vont prendre le même chemin et le dossier Lombrassa concerne le Tarn… Je le mets alors en garde contre le risque pris. La police a déjà agi ainsi dans le passé avec Patrice Alègre. Elle a sorti les dossiers Legoy, Poiroux et même Galbardi, elle s'est limitée à comparer trois ADN qui ne correspondaient pas à celui de Patrice Alègre et elle a refermé les dossiers. Il se trouve qu'un an ou deux plus tard, des gendarmes, dont moi, les ont récupérés, résultat : Patrice Alègre a été mis en examen dans ces dossiers et doit bien évidemment être présumé innocent. Il me lâche que si cela arrive dans dix ou douze ans, il sera alors à la retraite. D'où sa « réticence ».

Épilogue

Depuis bien longtemps, avant même la création de la cellule Homicide 31, je passais au sein de la gendarmerie pour un cabochard redouté parce que opiniâtre, jusqu'au-boutiste de la procédure, et surtout dénué de tout attachement à la fameuse « carrière » : le profil même de l'enquêteur potentiellement inquiétant pour sa hiérarchie. J'ai vite appris à laisser passer l'orage, à travailler patiemment, et obstinément, en attendant l'éclaircie. Pour moi, seules comptaient les enquêtes. Le reste m'importait peu. Au mois de septembre 2003, quand j'ai fait l'objet de graves attaques de la part de témoins ou d'avocats, j'ai refusé d'entrer dans la polémique. Cette tempête n'a fait que me conforter dans ma décision de quitter la gendarmerie.

Lorsque mon départ à la retraite a été connu, Me Collard s'est permis un de ces bons mots dont il use et parfois abuse devant la presse : « Bat-il en retraite, part-il en retraite, ou est-il mis à la retraite ? » Je pense qu'il pourra trouver la réponse dans ce livre. Les médias, eux, m'ont largement sollicité pour que je m'explique. Il n'était pas question pour moi de répondre à ceux qui cherchaient à chaud ma réaction pour leur

« Vingt heures » ou leur quotidien du lendemain. Mais je n'ai pas non plus donné suite aux demandes de certains médias, notamment *Le Monde* et *Le Parisien*, qui souhaitaient comprendre après coup le mobile réel de mon départ à la retraite. D'autres journaux, dont *L'Est républicain*, sans doute endormis par mon silence et en décalage complet avec la réalité du dossier, ont franchi la ligne jaune, affirmant que ma hiérarchie m'avait donné l'ordre de partir à la retraite, que j'avais manipulé des témoins, que j'étais « seul, incompétent et naïf », voire que j'avais été « rejeté par l'ensemble de mes collègues et des magistrats ». De la part d'un journal dont les responsabilités dans l'éclatement médiatique de l'affaire et, partant, dans les multiples pressions qui se sont abattues sur l'enquête, sont loin d'être mineures, ces propos sont inacceptables. C'est pourquoi je l'ai attaqué en justice ainsi que l'un de ses journalistes pour diffamation.

Après que des avocats m'ont traité de manipulateur, après que Florence K… a déclaré que je lui avais suggéré le nom de Dominique Baudis, il est aussi des journalistes qui ont rencontré un témoin que j'avais entendu pour savoir si, effectivement, j'étais du genre à « diriger » une audition. Choqué, ce témoin a contacté la Section de recherche pour s'en offusquer et réfuter ces accusations. Les journalistes n'ont malheureusement pas fait état du désaccord de leur interlocuteur : sans doute n'était-ce pas là ce qu'ils avaient envie d'entendre. J'espère que, depuis, ils ont au moins compris que ceux qui m'accusent de manipuler les témoins mentent.

Je me suis donc tu, mais les familles des victimes, elles, ont parlé. Je pense à Marie-Louise Matias, entendue au journal de 13 heures de France Inter, à Gabriel Loubradou qui s'est exprimé dans la presse écrite, et certainement à d'autres dont je n'ai pas connu les interventions. À mes yeux, le témoignage de ces parties civiles est la plus grande des cautions morales, la meilleure et la plus touchante des défenses. Jamais je n'aurais rêvé obtenir un tel soutien de leur part au moment où il était de bon ton de tirer sur moi. Comparé à cela, les accusations des uns ou des autres ne peuvent que me laisser indifférent.

Les familles d'Hélène Loubradou, de Valérie Réorda, de Valérie Tariotte, de Martine Matias et de Line Galbardi ont craint qu'une fois à la retraite je ne les abandonne. Je les ai rassurées : je continue, à ma façon, à les soutenir dans leur combat, car il est juste. Je souhaite infiniment que ce livre leur soit utile. Car c'est d'abord pour les victimes, et pour ceux qui les pleurent, que je l'ai écrit. Sans doute cet ouvrage sera-t-il perçu par certains comme un désaveu de la gendarmerie, un amer constat des dysfonctionnements de cette institution, alors qu'il ne s'agit que de critiquer ceux qui la servent mal. J'espère qu'il sera aussi l'occasion de mettre chacun face à ses responsabilités.

Michel Roussel, la cible à abattre, n'est donc plus là : les tireurs ont fait mouche. Mais pas tout à fait comme ils l'entendaient. Pas de façon silencieuse, détournée, hypocrite et masquée. Surtout pas dans la discrétion la plus absolue. Le directeur d'enquêtes a préféré claquer la porte avant que sa présence même ne puisse être utilisée comme un levier pour mieux freiner la justice. La Cellule, je le crains, est moribonde. Son nom sera peut-être conservé. Mais il reste vingt-six dossiers à résoudre. Plus tous ceux dont nous n'avons pas eu le temps de nous inquiéter. Les membres d'Homicide 31, dont seulement quatre « anciens », ne bénéficient plus du support de la base de données *Alègre 3*. Nous avons dû renoncer à cet incomparable outil au moment où sont apparus des noms de notables et de magistrats car nos moyens de communication n'étaient pas sécurisés. Et sans le soutien de l'informatique, il n'est malheureusement plus possible de confronter les nouveaux éléments recueillis, quels qu'ils soient, à l'historique établi par la Cellule.

L'enquête concernant les « viols, viols aggravés, proxénétisme en bande organisée et actes de torture et de barbarie », née de nos investigations, a été confiée à d'autres, avant même que nous ne puissions débuter les vérifications nécessaires. Évidemment, il s'agissait là de nous décharger d'un fardeau supplémentaire que nous n'aurions matériellement pas pu assumer, faute d'enquêteurs. C'est une évidence : si notre hiérarchie avait vraiment misé sur l'avenir de la Cellule, elle aurait renforcé ses propres effectifs, afin de l'aider à mener jusqu'au bout des enquêtes dont elle possédait tous les tenants. Je regrette d'ailleurs, comme l'a écrit Éric Halphen dans son livre *Sept ans de solitude*, que les officiers de police judiciaire ne soient pas placés directement et uniquement sous les ordres des magistrats. La double casquette que portent aujourd'hui policiers et gendarmes est bien inconfortable : lorsque le magistrat responsable de l'enquête souhaite aller dans une direction, mais que la hiérarchie administrative ou militaire en préfère une autre, il a très peu de chances d'obtenir satisfaction. L'officier de police judiciaire, lui, est écartelé entre ces deux autorités dont une seule est maîtresse de son avenir. En clair, dans notre système actuel, les magistrats demandent des moyens et donnent des missions à la gendarmerie et à la police, qui obtempèrent si elles le souhaitent et dans les proportions qu'elles choisissent.

Ne suis-je alors aujourd'hui qu'amertume et colère ? Non, d'abord parce que je crois fermement en l'Homme, et en sa capacité à surmonter l'épreuve. Ensuite parce que la Cour de cassation a définitivement rejeté la demande de l'avocat de Patrice Alègre de dépayser vers une autre juridiction les six enquêtes criminelles dans lesquelles son client est mis en examen. J'ai une totale confiance en plusieurs magistrats de l'instruction et du parquet de Toulouse. Le doyen des juges d'instruction, Serge Lemoine, continue coûte que coûte à faire son métier, méprisant les bruits et la rumeur. Avec lui, d'autres juges d'instruction et des magistrats du parquet de Toulouse ne se laisseront pas manipuler. Enfin, j'espère que certains enquêteurs de l'IGPN feront honneur à leur corps : leur enquête concernant les agissements de certains de leurs collègues toulousains dans les années 90 pourrait révéler des faits et des comportements qui ne pourront être occultés.

Car nos institutions, la police, la gendarmerie, la justice n'ont pas dit leur dernier mot : elles ont un honneur, une déontologie, une réputation et une histoire à défendre. Une fois convaincues de la réalité de certaines de leurs dérives internes, j'espère qu'elles se garderont bien, comme cela arrive hélas parfois, de se contenter de laver leur linge sale en famille. J'espère qu'elles réagiront. Je rêve peut-être. Pourtant j'imagine assez bien que la police nationale, une fois mise au pied du mur, décidera d'arrêter de subir. Parce qu'elle en a la compétence juridique et judiciaire ainsi que les moyens, elle pourrait mettre en place sa propre structure d'enquête. La Section de recherche de la gendarmerie aura plus de mal : il y aura toujours un responsable local ou régional pour assurer qu'il ne peut faire exécuter une tâche d'une telle ampleur. J'en veux pour preuve, s'il en était besoin, la remarque que m'a faite mon supérieur, le lieutenant-colonel Henry, une fois connu mon départ à la retraite : « Vous êtes comme le colonel Sevilla [son prédécesseur à la tête de la Section de recherche de Toulouse, *N.d.A.*], vous êtes tous les deux des précurseurs : la hiérarchie n'est pas prête à vous suivre. Vous dérangez Paris et les autres… » C'est peut-être le plus beau compliment qui m'ait été fait ! Si la gendarmerie en est incapable, la police nationale, elle, pourrait se donner les moyens de l'innovation et de la combativité. À condition, bien sûr, d'une volonté politique inébranlable.

Au fil de ces années, j'ai parfois été proche du désespoir mais j'ai eu aussi de grandes joies et je garde espoir car la moribonde cellule Homicide 31 a prouvé son utilité. Nos réussites sont incontestables. Avec mes soldats, avec nos moyens de misère et notre détermination de fer, nous avons démontré qu'il est possible de relancer des enquêtes datant de plus de quinze ans. Or nous ne sommes pas des surhommes : ce que nous avons fait peut et doit être effectué par d'autres. Il appartient aux familles des victimes et à la société de porter haut et fort cette exigence. Une exigence de résultats, et non plus de belles formules et de promesses lénifiantes, une exigence de compétence et non de titres ronflants. La revendication d'une justice noble et à la mémoire longue.

Je ne regrette aucun de mes actes, je ne renie aucune de mes pensées. Mon seul vrai remords sera de n'avoir pas été capable de rendre un corps à une famille. De ne pas avoir pu dire aux Loubradou, aux Lazzari, aux Escadeillas et aux autres familles à qui il manque un être cher : « Voilà celle qui avait disparu depuis tant d'années. Voilà celle que l'on vous a arrachée, votre fille, mère, sœur, celle que tous sauf vous avaient oubliée. Voilà celle que je vous rends. Hélas, c'est un cadavre. Hélas, elle est morte, mais maintenant, enfin, vous pourrez lui offrir une sépulture et commencer votre travail de deuil. »

Pour moi, c'est bien plus qu'un échec. C'est un fardeau, pesant, dont je ne me débarrasserai pas. Une blessure dont je sais bien qu'elle me laissera une cicatrice indélébile. Mais d'autres que moi, je l'espère, relèveront le gant. D'autres trouveront un jour la solution de ces disparitions inexpliquées. D'autres exhumeront des dossiers enfouis sous des tonnes de paperasses et la poussière des ans, des dossiers qui n'intéressent plus personne, sauf les familles et quelques vaillants magistrats dont on voudrait nous faire croire qu'ils ne comprennent rien. Des dossiers « périmés ». D'autres chercheront, comme moi.

D'autres lutteront contre le carcan et le poids des institutions, parfois contre leur lâcheté, voire leur indifférence toujours coupable. Et même si des institutions tentent encore de freiner, de cacher, d'autres choisiront le même chemin que moi : celui de la quête de la vérité. Parce qu'ils comprendront, comme je l'ai compris, qu'il faut mener ce combat. Et quand bien même, dans les moments de grande lassitude, il nous semblerait perdu d'avance, il faut le mener parce qu'il est juste. Il faut offrir aux mortes une sépulture. Ces femmes disparues, ces filles, de la rue ou d'ailleurs, massacrées, violées, torturées, ces êtres humains assassinés, suppliciés, nous nous devons de leur rendre ce qu'ils n'auraient jamais dû perdre : un statut de victimes. Nous, citoyens, politiques, magistrats, avocats, policiers ou gendarmes, nous tous, qui sommes la société, nous leur devons le respect et la fidélité immuable, intacte, de la mémoire. Nous leur devons la vérité, même si elle fait parfois peur.

Dans le cas contraire, prenons garde. De l'affaire, des affaires Alègre, peut ne ressortir qu'une seule et unique certitude : celle qu'un meurtre ou une disparition non résolu offre à un assassin quel qu'il soit une liberté dont peut découler une longue, trop longue liste de nouveaux morts. Ni la nature ni le diable ne font les tueurs en série : leurs actes monstrueux ne sont que les fruits d'échecs ou de lacunes répétés des services d'enquêtes et de l'indifférence d'une société qui pourtant en paiera le prix.

L'oubli volontaire des crimes passés ne doit rien au sens du devoir, au courage ou à l'honneur. Au contraire, seul l'acharnement à résoudre des meurtres et à confondre leurs auteurs doit motiver le gendarme, le policier comme le juge d'instruction. De nouvelles techniques scientifiques et informatiques sont aujourd'hui au service des enquêteurs. À eux de se perfectionner continuellement et au citoyen d'exiger le meilleur des services d'investigation. Car jamais criminel ne doit vivre en paix.

Association toulousaine des familles pour la vérité sur les crimes oubliés
49, boulevard Gambetta – 46000 Cahors
05 65 31 84 95

Table

Cet ouvrage a été imprimé par

FIRMIN DIDOT

GROUPE CPI

Mesnil-sur-l'Estrée

pour le compte des Éditions Denoël
en janvier 2004

Imprimé en France
Dépôt légal : janvier 2004
N° d'édition : 26597 – N° d'imprimeur : 66799